LEDU
乐读

国际中文阅读教学课本

6

主编 苏英霞
编著 孙小晶 王 艳 黄柏林

北京语言大学出版社
BEIJING LANGUAGE AND CULTURE UNIVERSITY PRESS

图书在版编目（CIP）数据

乐读 ：国际中文阅读教学课本．6 / 苏英霞主编；孙小晶，王艳，黄柏林编著．-- 北京 ：北京语言大学出版社，2022.12（2024.3重印）

ISBN 978-7-5619-6175-9

Ⅰ.①乐… Ⅱ.①苏… ②孙… ③王… ④黄… Ⅲ.①汉语－阅读教学－对外汉语教学－教材 Ⅳ.① H195.4

中国版本图书馆 CIP 数据核字（2022）第 194292 号

乐读——国际中文阅读教学课本 6

LEDU——GUOJI ZHONGWEN YUEDU JIAOXUE KEBEN 6

英文审订：侯晓娟
排版制作：北京创艺涵文化发展有限公司
责任印制：周 燚

出版发行：北京语言大学出版社
社　　址：北京市海淀区学院路 15 号，100083
网　　址：www.blcup.com
电子信箱：service@blcup.com
电　　话：编 辑 部　8610-82303647/3592/3724
　　　　　发 行 部　8610-82303650/3591/3648
　　　　　北语书店　8610-82303653
　　　　　网购咨询　8610-82303908
印　　刷：北京市金木堂数码科技有限公司

版　　次：2022 年 12 月第 1 版　　印　　次：2024 年 3 月第 2 次印刷
开　　本：889 毫米 × 1194 毫米 1/16　　印　　张：11.5
字　　数：208 千字
定　　价：58.00 元

PRINTED IN CHINA

凡有印装质量问题，本社负责调换。QQ：1367565611，电话：010-82303590

前言

《乐读——国际中文阅读教学课本》是中文阅读技能训练教材，全套共6册，适应零起点到中高级水平学生的学习需求。

1. 编写理念

本教材以培养汉语学习者中文阅读能力为目标，针对汉语学习者中文阅读难点和阅读能力提升需要进行教材内容的设计与编写，突出阅读教材特色。我们认为，阅读教学的目的不能止于帮助学生读懂一篇文章，还要让学生学会怎样读懂一篇文章，通过有针对性的训练帮助学生提高中文阅读能力，即所谓“授之以渔”。阅读教材不同于一般读物，应为学习者阅读能力提升和教师进行阅读技能训练提供丰富而适用的学习和练习素材。

2. 教材特色

（1）定位明确，特色突出。本教材以阅读技能训练为核心，重视阅读理解能力的培养，基本不设口头表达等语言输出型练习。

（2）学、练素材丰富。本教材第一、二册为阅读入门阶段，以集中识字、提升词汇量为主，辅以句子和短文阅读，为进一步的阅读训练打下基础。从第三册开始，每课均包含“知识银行”“技巧训练”“阅读实践”三个主要板块，并针对细读、略读、查读几种阅读方式提供了相应的阅读材料，可以充分满足学生提升中文阅读能力时在语言知识积累、阅读技巧训练和阅读实践方面的需要。

（3）体裁、题材多样。为使学习者熟悉不同体裁和题材的中文阅读材料，本教材在课文体裁与题材的选择上注重多样化。课文体裁包括记叙文、应用文、议论文等，题材涉及学习、生活、自然、科技、社会与文化等多个方面。在“实况阅读”部分，还为学生提供了招牌、海报、启事、网络帖子等日常生活中随处可见的文字材料。

（4）训练层次清晰。本教材在体例设计上重视技能训练的科学性与层次性，从知识到技能再到实践，步步推进。在课文部分，教材提供了分步阅读指引，每个步骤均设计了有针对性的阅读理解练习，便于师生使用。

本教材的编者均有丰富的汉语教学经验，教材在正式出版之前在北京语言大学汉语速成学院速成系进行了五个学期的试用，并根据师生反馈的意见进行了多次修改。我们希望能够给大家呈现一套特色鲜明又好学易用的阅读教材，同时，也真诚地期待国际中文教育领域各位专家和同人关注这套教材并不吝赐教。

感谢各位作者的辛勤工作，感谢北京语言大学出版社对国际中文教材编写一如既往的支持和坚持不懈的努力，感谢为这套教材的编辑出版做出卓越贡献的编辑团队。

苏英霞

2021 年 4 月

本册使用说明

《乐读——国际中文阅读教学课本》是针对汉语学习者编写的阅读技能训练系列教材，按照难度等级分为六册。各分册在阅读材料主题选择、学习目标设定等方面各有侧重。本册为第六分册，目标群体为已完全掌握 HSK 一至五级词汇的汉语学习者。本册教材旨在帮助高级水平汉语学习者储备相关主题核心词汇，积累常用字词和格式；熟练掌握各种实用的阅读技巧及策略，进一步提高阅读理解速度和准确度，克服阅读长篇幅汉语文章的畏难情绪，培养良好、高效的阅读习惯；丰富相关主题的社会、文化背景知识，加深对相关主题的理解与深入思考，培养阅读兴趣，体验阅读乐趣。

1. 内容简介

本册共十课，选取的阅读材料可按内容大致分为生活和时政两类，体裁广泛，包括记叙文、说明文、议论文等。生活类的阅读材料包括婚姻、教育、网络、人生、中医、名家作品欣赏等话题，时政类的阅读材料包括高铁、小康社会与中国梦、"三农"、"一带一路"等话题。所选文章结构明晰、语言平实而不失生动，符合各题材文章的典型特征。在阅读材料的难度设置方面，课文主要覆盖 HSK 一至六级词汇，生词以 HSK 六级词汇为主，也有部分与主题相关的 HSK 大纲以外的词汇。

本教材将语言知识学习、阅读技巧训练与阅读实践相结合，重视教学内容设计的科学性、系统性。

具体体例安排如下：

第一部分：知识银行。包括常用字、常用书面词语及常用格式的讲解与练习，旨在帮助学习者丰富语言知识储备。

第二部分：技巧训练。每课针对某项阅读技巧进行集中讲解和训练，培养学习者运用语言知识与阅读技巧理解文意的能力。包括：通过语素义推测词义，通过词缀推测词义，利用文中互释词语理解词义，根据词语搭配特点猜测词义，借助虚词理解句子或词语之间的关系，分词断句的技巧，利用句子主干理解句义，压缩句子、化繁为简，借助上下文理解句义，借助指示语理解句间逻辑关系，等等。

第三部分：阅读实践。包括精读、泛读、实况阅读三大部分。精读主要由三部分组成，分别是：生词学习、热身练习和课文。精读课文的练习主要围绕课文内容理解、句义理解、词义理解等展开。泛读主要包括课文（随文注释生词）和读后练习。实况阅读主要有两类：第一类为说明文阅读，第二类为信息查找。实况阅读材料选取的主要是学习者在日常生活中容易接触到的文字材料，使阅读过程更具真实感。

另外，每课都选取了若干与本课主题相关的常见熟语，旨在帮助学习者在丰富语言知识的同时，了解中国文化。

教材中有两个阶段测试，分别在第五课和第十课之后。阶段测试既可用作随堂练习，也可作为作业，让学习者课下完成。教师可酌情处理。

2. 教材使用建议

本册教材容量较大，内容广泛，练习丰富，既能满足学期制长期班学习者的学习需要，也适合短期语言进修生使用。

教材使用应遵循“以读为主”“少讲多读”的原则。在阅读教学的形式上，建议“默读”与“朗读”相结合，精读课文要让学习者做到“能看会念”，既要做到“见字知义”，又要做到“见字知音”，强化汉字“音、形、义”的联结；在阅读能力方面，建议以帮助学习者学会如何读懂一篇文章为目标，培养学习者运用语言知识和阅读技巧推测字义、词义，分析句义，理解句子之间、段落之间的逻辑关系等能力。

本教材基本按照通行的阅读课堂教学步骤编写，教师可按照教材建议的步骤安排教学内容，这能够在一定程度上减轻教师设计教学环节的压力。课时分配建议如下：4 ～ 6 课时完成一课，第 1 课时完成知识银行、技巧训练及精读的生词学习部分，第 2 ～ 3 课时完成热身练习及精读的课文部分，第 4 课时完成泛读和实况阅读部分，第 5 ～ 6 课时进行复习和巩固。要求学习者课前只预习知识银行及精读的生词学习部分，不预读课文；要求学习者课后认真复习，对所学字词、格式、阅读技巧等内容进行梳理和总结，并将之存储到自己的“知识银行”中。

以上建议仅供参考，教师可根据学习者的汉语水平、课程设置、教学条件等具体情况对教材中的设计安排进行灵活调整。在此诚挚欢迎广大专家、同人、汉语学习者对本册教材进行批评指正。

编者

2022 年 3 月

目　录

第一课　跨国婚姻

第一部分：知识银行

（一）常用字

1　跨　kuà 

形声字，“⻊”是意符，“夸”是声符。本义为“抬腿向前或向旁越过、迈过”“两腿分在物体的两边坐着或立着”，引申为“越过时间、地区、行业之间的界限”。

例：跨一大步

跨在马上　横跨

跨时代　跨地区

练习：猜一猜画线词语的意思

（1）港珠澳大桥是一座连接香港、珠海和澳门的跨海大桥。

（2）每年的 12 月 31 日都会有很多年轻人到这里参加跨年活动。

2　腔　qiāng 

本义为“人和动物体内的空处”，引申为“乐曲的调子或者说话的声音、语调、口音”。

例：口腔　体腔

昆腔　娃娃腔　学生腔　山东腔

练习：为画线处填入合适的“～腔”

（1）那个女演员说话时有一股＿＿＿＿＿，听起来像个小女孩儿。

（2）一听就知道他是北京人，说话时一口＿＿＿＿＿。

（二）常用书面词语

1 颇： 副词，意思是“很、相当地”，后边常接单音节形容词或由单音节动词构成的动宾短语，比如：颇多、颇佳、颇久、颇具（特色）。“颇为”的意思与“颇”相同，后边一般接双音节形容词。

（1）他中文能力颇佳。

（2）站在冠军领奖台上，他颇为激动。

思考：“李先生爱好颇广”是什么意思？

2 具： 意思是“备有、具备”。

这个餐厅的装饰颇具东方文化特色。

思考：“您选职员真是颇具慧眼”是什么意思？

（三）常用格式

1 V来V去

“V来V去”中的“V”可以是心理动词，表示在某种状态下时间久或一直这样。

（1）谁也没想到大家担心来担心去，最后虚惊了一场。

“V来V去”中的“V”也可以是动作动词，表示反复做某一动作。

（2）孩子们在院子里跑来跑去，玩儿得很开心。

（3）笔记本不见了，我在家里找来找去，也没找到。

练习：用“V来V去”完成句子

（1）我＿＿＿＿＿，也没想起来在哪儿见过这个人。

（2）这幅画儿画的是什么？我＿＿＿＿＿，也没看出来。

2 V这V那：表示“不停地做出某种行为”。

这孩子一上午吃这吃那的，嘴就没停！

练习：用“V这V那”完成句子

（1）我一回家，亲戚们就__________，不是问“有女朋友了吗”，就是问“现在挣多少钱”。

（2）你嫌人家不关心你，又嫌人家挣钱少，__________的，不如分手吧。

第二部分：技巧训练

技巧（一）：通过语素义推测词义

汉语中，由两个或两个以上语素组成的合成词占很大比例。语素的意义与词义之间一般是有关联的，一些合成词的意义常常可以通过语素义推测出来。比如，“出”有“外出”的意思，“游”有“游玩”的意思，“出游”就是“外出游玩”。了解汉语词汇的这个特点对理解词义很有帮助。

练习：解释画线词语的意思

（1）丈夫彼得（Peter）是她的初恋，认识彼得的时候她还在上大学。

（2）维克多（Victor）的苦恼是他的妻子从来没有对他说过“谢谢”。

（3）宝宝发烧了，史蒂文（Steven）要给宝宝脱掉衣服用凉水降温，他妻子不同意。

第三部分：阅读实践

（一）精读

1 生词学习

1	跨国	kuàguó	V	范围在两个或多个国家之间。 跨国公司；跨国经营 这家公司已发展成为世界知名的跨国企业。
2	大大咧咧	dàdaliēliē	Adj	做事随意，什么都不在乎。 她总是大大咧咧的，什么事都不放在心上。

3	京腔	jīngqiāng	N	指北京口音。 地道的京腔；一口京腔 有人说，在北京越来越难听到正宗的京腔了。
4	调和	tiáohé	V	妥协、让步（多用于否定式）。 不可调和 他们之间的矛盾太深了，很难调和。
5	恋人	liànrén	N	恋爱中的一方。 一对恋人；成为恋人 恋人之间发生矛盾很正常。
6	鸿沟	hónggōu	N	泛指很难跨越的明显的界线。 一道鸿沟；跨越鸿沟 人与人之间多交流，就没有什么无法跨越的鸿沟。
7	晕头转向	yūntóu-zhuànxiàng		指头脑昏乱，分不清方向。 最近他事情特别多，忙得晕头转向的。
8	碰撞	pèngzhuàng	V	事物间相碰或相撞。 发生碰撞；文化碰撞 地铁里很挤，容易发生碰撞。 不同国家的人在一起，发生文化碰撞是不可避免的。
9	宁愿	nìngyuàn	Adv	表示经过比较后做出选择。 她宁愿自己辛苦一点儿，也不愿意麻烦别人。 他是个球迷，宁愿不睡觉，也要看比赛。
10	舍得	shěde	V	愿意付出。 舍得花钱；不舍得；舍不得 那个包太贵了，她不舍得买。
11	理财	lǐ//cái	VO	管理财务。 投资理财；理财产品；善于理财 他虽然挣得不少，但是一点儿也不懂理财。
12	主张	zhǔzhāng	V	持有某种想法或见解。 他主张“今天的钱，今天花光光”。
13	习以为常	xíyǐwéicháng		常做某种事情或常见某种现象，所以习惯了，觉得很平常。 他们对于贷款消费已经习以为常了。

14	持家	chíjiā	V	操持家事。 勤俭持家；持家有方 妈妈非常善于持家。
15	量入为出	liàngrù-wéichū		根据收入的多少来决定支出的限度。 善于持家的人懂得量入为出。
16	功夫不负有心人	gōngfu bú fù yǒuxīnrén		只要用心去做某事，就会取得成功。 功夫不负有心人，他坚持努力，终于考上了理想的大学。
17	觉悟	juéwù	V	由迷惑而明白。 有所觉悟；终于觉悟 在老师的耐心教导下，他终于觉悟了，决定趁年轻好好学习。
18	观念	guānniàn	N	人对某事物的认识、看法。 时间观念；消费观念 人的消费观念跟社会环境以及民族文化有关。
19	情侣	qínglǚ	N	相恋的男女或其中一方。 一对情侣；热恋中的情侣 跨国情侣往往会面临文化碰撞问题。
20	屋檐	wūyán	N	也叫房檐，指房子顶部伸出墙外的部分。 我家的屋檐；屋檐下面 在同一屋檐下生活不是一件容易的事。
21	求同存异	qiútóng-cúnyì		在对事物的看法或态度上，找出一致的地方，保留不同的地方。 各国国情、文化不同，应该求同存异，和平共处。

专有名词

《雍正王朝》	《Yōngzhèng Wángcháo》	PN	电视剧，主要讲述清朝雍正年间（1723—1735）的故事。

2 热身练习

（1）快速找出本课生词

① 她颇具北京特色的说话方式和爱好，却是她与西班牙老公维克多之间最难调和的问题。

② 佳子宁愿把爱表现在偷偷地买老公喜欢却不舍得买的复古公文包上。

③ 按理说，像他这样有一定社会经验的人应该懂得如何理财。

④ 功夫不负有心人，直到上个月，男友终于有所“觉悟”，把他工资的三分之一存起来了。

⑤“文化差异”和“成长环境不同”是异国情侣面临的问题……只有相互理解，求同存异，才能走得更远。

（2）选择合适的词语填空

A 大大咧咧　　B 晕头转向　　C 习以为常　　D 量入为出

① 为了让男友学会持家、懂得________的道理，丽丽天天给他上“理财课”。

② 佳子是个________的北京女孩儿，说话很直，带着京腔。

③ 因为我不懂西班牙文，他中文不成，所以我们看的电影大多是英文字幕，有时候也选中文字幕或者西文字幕，看得我俩________。

④ 很多西方人对于上大学贷款、买房贷款、买车贷款、旅行贷款等都______了。

3 课文：跨国婚姻，我们也可以很幸福（1）

▶ 第一步：读前思考，读后回答

思考题：

（1）第一个故事中跨国婚姻的矛盾是哪方面的？

（2）第二个故事中跨国婚姻的矛盾是哪方面的？

（3）课文中建议如何解决这些矛盾？

语言：“谢谢”和“我爱你”

1 佳子是个大大咧咧的北京女孩儿，说话很直，带着京腔。此外，因为在故宫边的胡同儿小院里长大，所以她非常热爱历史文化，《雍正王朝》等清宫（Qīnggōng，the court of the Qing Dynasty）戏是她的最爱。但她颇具北京特色的说话方式和爱好，却是她与西班牙老公维克多之间最难调和的问题。

2 语言可以说是异国恋人之间的第一道鸿沟，即使一方完全熟练掌握对方的语言，也比不上用母语沟通顺畅。平时佳子和维克多说第三方语言——英文，

谈情说爱或者吵架都不是问题，看影视剧却是个大问题。“因为我不懂西班牙文，他中文不成，所以我们看的电影大多是英文字幕，有时候也选中文字幕或者西文字幕，看得我俩晕头转向。”

3　而维克多在语言方面也有他的苦恼：“我老婆老是用命令的口气让我干这干那，我想来想去也想不明白，为什么无论我为她做什么，她从来不说‘谢谢’？”其实佳子并非没有礼貌，之所以总是用北方人惯有的大嗓门儿“命令”老公“给我拿杯水”“电视小点儿声”，是因为中国人觉得越是一家人越不用见外，自家人不用那么客套。维克多则从小习惯了用商量的语气说话，尤其是面对最亲近的人时更温柔：“小点儿声，可以吗？”“请给我拿杯水，好吗？”。

4　此外，两个人不同的语言表达习惯也经常产生碰撞。热情的维克多每天从起床开始，就用西班牙人特有的方式对妻子进行赞美，即使老婆脸没洗，牙也没刷。“我爱你”这几个字，维克多更是可以用不同语调来表达。佳子则很少把“爱”挂在嘴上，她宁愿把爱表现在偷偷地买老公喜欢却不舍得买的复古公文包上。可维克多在拿到神秘礼物后对佳子说的第一句话却是：“亲爱的，你能对我说一句‘我爱你’吗？”

5　经过了多次吵架和沟通，佳子逐渐理解了维克多想表达的意思：世界上没有任何人应该为你做这做那，所以语言在任何时刻都要带着感激和爱。现在佳子开始习惯了说“谢谢”和表达爱，不是客套，而是发自真心；而维克多也和佳子组成了中文、西文互动小组。

消费：花不花？

6　丽丽美国男友的收入在同龄人中也算中上等。按理说，像他这样有一定社会经验的人应该懂得如何理财。但是令丽丽诧异的是，她的男友竟然主张“今天的钱，今天花光光”。

7　他们打算今年冬天办婚礼。丽丽想到办婚礼要花一大笔钱，就想说服男友节省一点儿，攒一点儿钱。可男友却从来没把这件事放在心上，反而跟丽丽说，他收入高，不用担心，到时钱不够用，还可以贷款。虽然丽丽知道很多西方人对于上大学贷款、买房贷款、买车贷款、旅行贷款等都习以为常了，但这种消费观还是让她头疼不已！

8 为了让男友学会持家、懂得量入为出的道理，丽丽天天给他上“理财课”。功夫不负有心人，直到上个月，丽丽的男友终于有所“觉悟”，把他工资的三分之一存起来了。

9 丽丽说，她也明白一个人的消费观念跟社会环境以及民族文化有关，也努力理解男友。在她影响男友的同时，她的消费观念也有所改变。她现在的主张是，要好好理财，也要好好享受生活，一切都要适度。

10 相爱容易相处难，“文化差异”和“成长环境不同”是异国情侣面临的问题。两个人文化背景和成长环境不同，生活习惯不同，生活在一个屋檐下，只有相互理解，求同存异，才能走得长远。

（课文字数：1246 字）

本文改编自《心理月刊》2011 年第 6 期文章《跨国婚姻，我们的差异万岁》

► 第二步：根据课文内容，判断对错并找出理据（在括号中填“对”“错”或“没提到”）

（1）佳子的家在故宫里边，所以她非常热爱历史文化。（ ）

（2）佳子说话声音比较大，很没有礼貌。（ ）

（3）维克多常常对佳子说“我爱你”，佳子却很少说出口，因为维克多爱佳子比佳子爱维克多更多。（ ）

（4）丽丽天天给男友上“理财课”，希望他可以在钱财上节省一点儿。（ ）

（5）异国情侣间矛盾的本质是语言问题和消费观念问题。（ ）

► 第三步：句义理解（判断对下列句子的理解与原文是否一致）

（1）《雍正王朝》等清宫戏是她的最爱。（第 1 段）

理解：她最喜欢看《雍正王朝》等清宫戏。

（一致□ 不一致□）

（2）即使异国恋人中的一方完全熟练掌握对方的语言，也比不上用母语沟通顺畅。（第 2 段）

理解：异国恋人只要熟练掌握对方的语言，就可以跟用母语沟通一样顺畅。

（一致□ 不一致□）

（3）平时佳子和维克多说第三方语言——英文，谈情说爱或者吵架都不是问题。（第 2 段）

理解：平时佳子和维克多谈情说爱、吵架都可以用英文。

（一致□ 不一致□）

（4）其实佳子并非没有礼貌。（第 3 段）

理解：并且佳子非常没有礼貌。

（一致□ 不一致□）

（5）佳子则很少把"爱"挂在嘴上，她宁愿把爱表现在偷偷地买老公喜欢却不舍得买的复古公文包上。（第 4 段）

理解：跟总说"爱"相比，佳子更喜欢行动。

（一致□ 不一致□）

▶ 第四步：词义理解

（1）为下列画线词语选择合适的解释

① 佳子用北方人惯有的大嗓门儿"命令"老公"给我拿杯水""电视小点儿声"。（第 3 段）

A 很多的经验　B 很重的语气　C 很多的要求　D 很大的声音

② 中国人觉得越是一家人越不用见外。（第 3 段）

A 不用客气　B 看不见外面　C 不管外面的人　D 不用看外面的人

③ 令丽丽诧异的是，她的男友竟然主张"今天的钱，今天花光光"。（第 6 段）

A 特别不同　B 特别无奈　C 特别有趣　D 特别惊讶

（2）判断右边三个词语中加点儿语素的意义与课文中画线词语加点儿语素的意义是否相同，相同则画"√"，不同画"×"，并说明理由

① 异国　异域（ ）　离异（ ）　异地（ ）

② 复古　复婚（ ）　复工（ ）　复信（ ）

③ 适度　舒适（ ）　适时（ ）　无所适从（ ）

▶ 第五步：朗读课文

（二）泛读

跨国婚姻，我们也可以很幸福（2）

生活习惯：他不让我坐月子

1 刚生完孩子的小曼眼下正在英国和先生史蒂文以及婆婆轮番过招儿。“我真的受不了他和他妈让我生完孩子3天就出门遛弯儿。你知道我刚生完，我老公给我递上来的是什么吗？一杯加满冰块的冰水！”中国产妇坐月子的传统，在英国人史蒂文以及他医生出身的母亲看来，是完全不科学的。

2 坐月子对中国人来说是个大事，小曼最终打赢了这场仗，毕竟身体是自己的。生活习惯的不同，在彼此互相理解的同时，必要的时候也需要有自己的坚持。

家庭观念：我和父母一起住，她认为我有问题

3 中国男孩儿张弛在法国留学时认识了安娜，性格外向的张弛和欧洲男孩儿没有什么区别，两人交往以来，一直相处很愉快。问题发生在张弛回国之后，而且还是因为中国人眼中最重要的“孝道”。

4 “我父母这么多年守着一个大大的房子等我，好不容易等到我回来了，自然要和他们住在一起。”女友安娜来中国时，一下飞机就被张弛拉回了父母家。安娜以为这是中国的礼仪，要先见父母。没想到一大家子在外面吃完饭后，又回到了同一个家

生词：

1. 坐月子 zuò yuèzi postpartum confinement
2. 轮番 lúnfān Adv in turn; one after the other
3. 过招儿 guò//zhāor VO to contest; to fight
4. 遛弯儿 liù//wānr VO to take a walk
5. 彼此 bǐcǐ Pron each other; both parties; one another
6. 孝道 xiàodào N standards of filial piety
7. 礼仪 lǐyí N etiquette; rite; ritual

里，这下安娜质疑了："以后我们也要这个样子吗？难道你是一个没有长大的孩子吗？！"

5 张弛最终在父母居住的小区租了另一间公寓，经常带着法国女友回家吃晚饭或带着父母出游。安娜也渐渐感受到中国式父母对子女的关爱和子女对父母的孝顺，不再认为中国男友亲近父母是一种不独立的表现。

婚恋态度：能不能幸福跟他是哪国人一点儿关系也没有

6 彼得是我的初恋，从我们开始交往，我就没有觉得我们和其他普通情侣有什么差别。我们在一起生活也磨合了很久，生活习惯方面我迁就他多一些，性格上他比较让着我。虽然他是外国人，但是他在中国生活时间长了，像"妻管严""吃醋"这些词，他用得很熟。我觉得，不管是嫁给中国丈夫还是外国丈夫，都有幸福的和不幸福的，这得看你自己是什么人，你爱的人是什么人，看你们是不是可以为在一起而共同努力。幸不幸福和他是哪国人其实一点儿关系也没有。

（课文字数：781 字）

本文改编自《心理月刊》2011 年第 6 期文章《跨国婚姻，我们的差异万岁》

8. 磨合 móhé V
to make efforts to reduce the difference between each other

9. 让 ràng V
to yield; to give way (to sb.)

10. 妻管严 qī guǎn yán
henpecked husband

11. 吃醋 chī//cù VO
to be jealous of a rival in love

1 通读课文，回答问题

（1）刚生完孩子的小曼和英国先生史蒂文以及婆婆之间的矛盾是什么？

（2）小曼最后坐月子了吗？

（3）安娜和张弛的矛盾是什么？

（4）最终安娜、张弛跟张弛的父母住在一起了吗？

（5）彼得为什么对“妻管严”“吃醋”之类的词语用得很熟？

2 在课文中画“______”词语的上下文中找出与其语义相近的词语

（1）互相：______

（2）交往：______

（3）迁就：______

3 阅读下面的两个小故事并根据内容为它们加上题目，结合课文和两个小故事谈谈跨国婚姻如何能幸福

______	______
沙纪的丈夫是一个帅气的中国小伙儿。认识沙纪之前，他没有学过日语，也从来没有想过去日本。 到日本之后，沙纪的丈夫努力融入日本社会（包括学日语）。虽然在日本工作吃了不少苦，但是现在他已经稳定下来了，在日本挣的钱也跟本地人挣的一样多。在这个过程中，沙纪的理解与爱给了丈夫信心和战胜困难的勇气。照他们俩的话说：爱可以战胜一切！	雅丽是一个漂亮的中国女孩儿，她有一个意大利男友，中文名叫老马。 老马对雅丽很温柔，也很尊重她。不过，老马也很少迁就雅丽。当老马认为自己有理时，不管雅丽怎么生气，老马也绝不认错。当然，要是老马做错了，他也会毫不犹豫地道歉。平等、尊重是他们的相处之道。

（三）实况阅读

爱情心理测试

对爱情，每个人都有着不同的经历和体验，因而爱情故事的类型也各不相同。下面是一个爱情心理测试，测测看你的爱情故事属于哪一类。

题目：假设你喜欢或者正使用自行车，你觉得它会是下列哪一款？

A 电动自行车

B 变速越野自行车

C 轻便型自行车

D 外观很有复古味道的自行车

♥ 爱情心理测试结果分析 ♥

A 电动自行车

华丽型。约会地点需要上档次，约会方式要够高端，约会内容必须浪漫。你的爱情华丽得叫人羡慕，但是也要注意，太过华丽容易表面化，有时也要简单一点儿、真诚一点儿。

B 变速越野自行车

搞笑可爱型。你常跟恋人玩儿游戏，似乎把另一半当成了玩伴，而不是爱情伴侣。有好吃的会第一时间想到对方，但给对方送上食物前，总是忍不住先尝一口；有好玩儿的也是第一时间想到对方，玩儿起来特别投入，忙着争输赢。恋爱方式搞笑又可爱。

C 轻便型自行车

文艺型。写写情诗，唱唱情歌，偶尔一起去徒步旅行一次。恋爱时候的你充满了文艺气息。你接受不了柴米油盐的爱情，你觉得你天生就不食人间烟火，爱就是爱，爱情里其他的烦恼你才不要。

D 外观很有复古味道的自行车

温情型。为对方做一顿饭，为对方买一双袜子，带对方去看演唱会，帮对方挡住风雨，甚至可能给另一半零花钱。恋爱中的你处处替另一半考虑，跟你恋爱的人一定会被你宠坏。你的爱情处处充满温情，叫他人羡慕不已。

（1）将测试选项与相应的爱情类型连线

① 电动自行车	A 温情型
② 变速越野自行车	B 搞笑可爱型
③ 轻便型自行车	C 华丽型
④ 外观很有复古味道的自行车	D 文艺型

（2）根据下列恋爱情境，判断他们可能选择哪个选项

①1号：女友病了，他亲自下厨，做饭煲汤。

他可能选择（　　）

②2号：女友的生日，他买了9999朵玫瑰花送给她。

他可能选择（　　）

③3号：他创作了一首爱情歌曲，送给女朋友并向她求婚。

他可能选择（　　）

④4号：每次约会，他和女友先玩儿一局“剪刀石头布”游戏，输的人请客吃冰激凌。

他可能选择（　　）

第四部分：趣味汉语

熟语

谈谈你对下列熟语的理解

- 情人眼里出西施（Xīshī，a pretty woman in ancient times）。
- 有情人终成眷属（juànshǔ，couple; husband and wife）。

第二课　教育

第一部分：知识银行

（一）常用字

1　量　liàng 

古代指测量东西数量的器物。现代汉语常用义为“数量”“能容纳或禁受的限度”。

例：降雨量　音量

　　酒量　饭量

练习：选择合适的词语填空

A 销量　　B 容量　　C 流量

（1）这个文件比较大，我担心你的优盘________不够。

（2）用手机上传或下载数据就会产生网络________。

（3）这个品牌手机的 2021 年全球________排名第五。

2　制　zhì 

会意字，字形从刀，从未（枝条繁茂之树）。由于树木长大成材之后就能裁断、切割，制作用品，因此“制”本义为“裁割”。

“制”在现代汉语中一般用作动词，常用义包括：制造、规定、约束等。还有名词的用法，表示“制度”。

例：制造　制定　管制　限制

所有制　税制

练习：选出下列句子中“制”的意思

A 制造　　B 约束　　C 制度

（1）“中国制造”正在向“中国智造”飞跃。（　　）

（2）这些都是塑料制品。（　　）

（3）他上课时玩儿手机，被老师制止了。（　　）

（4）在中国，硕士研究生的学制一般是两到三年。（　　）

（5）该超市实行会员制，只有每年交一定金额的年费才能成为会员。（　　）

（二）常用书面词语

1 余

“余”的常用义项有三个：

（1）动词，意思是“剩下来的、多出来的、剩余”。

当月的手机流量用不完的话，余量可以留到下个月。

（2）数词，用在数词或数量词后，表示十以上整数后面有零头。

来看比赛的观众有三千余人。

（3）……以外的时间，常用结构：“……之余”。

学习之余，她喜欢跟朋友们聚聚，聊聊天儿。

思考：“中国有三千余所高校”中的“余”属于以上哪种用法？

2 模式：名词，指某种事物的标准样式。“模式”一词的构词能力特别强，例如：教育的样式和类型就叫“教育模式”，一个国家发展的样式和类型就叫“发展模式”。

练习：朗读下列短语

销售模式　教学模式　管理模式　评价模式

（三）常用格式

1 连 + V （+ 好）+ Nu + M （+ N）

“连”意为“连续”，常用于“连 + V + Nu + M（+ N）”结构，强调量多时常用“连 + V + 好 + 几 + M（+ N）”结构。

（1）今年春节可以连休 7 天。

（2）为了买到那本书，她连跑了好几家书店。

练习：读句子，选择正确答案

有的考生为了进入清华、北大这样的名牌大学，会连考好几年。

下列哪种情况属于这句话中的“连考好几年”？

A 连续参加两次高考

B 隔一年参加一次高考

C 连续三四年参加高考

2 ……取决于……：“A 取决于 B”的意思是“A 是由 B 决定的”。

（1）能否上名牌大学，取决于高考成绩。

（2）综合国力的提升，取决于科学技术的进步。

练习：用“……取决于……”改写下列句子

（1）努力的程度决定着进步的大小。

____

（2）农业的收成不完全是由气候情况决定的。

____

（3）比赛的输赢主要是由实力决定的。

____

第二部分：技巧训练

技巧（二）：通过词缀推测词义

汉语中真正意义上的词缀并不多，如“子——桌子”“儿——花儿、鸟儿”“们——你们”等。不过有一部分类似词缀的成分，它们的特点是：位置固定，构词能力强。了解这类成分的意义对辨识词义很有帮助。如：

院——研究院、科学院、疗养院；

师——医师、工程师、理发师；

者——研究者、发明者、自由职业者；

性——公平性、偶然性、必要性；

感——新鲜感、幸福感、失落感。

练习：猜一猜画线词语的意思

（1）李丽是一家美容院的老板。

（2）李丽想为自己的美容院找几名有经验的美容师。

（3）现在来公司的应聘者多是“00后”。

（4）通过努力最终考上了理想的大学，学生们特别有成就感。

第三部分：阅读实践

（一）精读

1 生词学习

1	设置	shèzhì	V	设立，建立。 设置考试科目；设置机构 国家设置了许多自然保护区，保护珍稀野生动植物。
2	全日制	quánrìzhì	N	指学生在国家规定的学习年限内，全天上课的制度。通常用于普通高等教育。 全日制本科；全日制普通高校 全日制普通高中毕业生和同等学力的中国公民可以参加高考。

3	志愿	zhìyuàn	N	志向，愿望。 填报志愿；根据志愿 他的志愿是当一名医生。
4	高枕无忧	gāozhěn-wúyōu		枕着高高的枕头放心睡大觉，形容安心、没有顾虑。 平时努力学习，考试时便可高枕无忧。
5	揭晓	jiēxiǎo	V	公布（结果）。 揭晓获奖名单；揭晓考试成绩；揭晓比赛结果 获奖名单明日揭晓。
6	选拔	xuǎnbá	V	挑选（人才）。 选拔人才；选拔干部 干部选拔以德为先。
7	固然	gùrán	Conj	当然，自然。通常表示承认某个事实，下文再转折。 有钱固然是好事，但幸福与否不取决于有没有钱。
8	气馁	qìněi	Adj	失去信心和勇气。 感到气馁；不必气馁；从不气馁 能考上理想的大学固然好，但是没考上也不必气馁。
9	莘莘学子	shēnshēn xuézǐ		众多的学生。 高考是莘莘学子学习生涯中最重要的考试之一。

2 热身练习

（1）快速找出本课生词

①高考是为普通高等学校招生设置的全国性统一考试。

②参加考试的对象是全日制普通高中毕业生和具有同等学力的中华人民共和国公民。

③大学根据学生的高考成绩和本人志愿录取新生。

④高考在国家选拔人才、提高国民素质、推动社会进步等方面，起着十分重要的作用。

（2）选择合适的词语填空

A 高枕无忧　B 固然　C 气馁　D 志愿　E 莘莘学子　F 揭晓

①能考上理想的大学________好，但是没考上也不必________，因为成功与否并不取决于上没上大学、上了哪个大学，而在于是否能够为了实现梦想而不懈努力。

② 如果科科优秀，不存在偏科现象，自然可以________。

③ 高考成绩______后，考生会根据自己的成绩和个人兴趣填报入学________。

④ 高考无疑是________学习生涯中最重要的考试之一，但也不是一考定终生。

3 课文：高考

▶ 第一步：读前思考，读后回答

思考题：

（1）什么是“高考”？

（2）高考在中国社会的积极作用体现在哪儿？

1 十年树木，百年树人。百年大计，教育为本。高等教育，是一个国家发展水平和发展潜力的重要标志，历来受到各国的重视。

2 在中国，人们要接受高等教育，需要先参加“高考”。“高考”的全称是普通高等学校招生全国统一考试，是为普通高等学校招生设置的全国性统一考试，通常在每年的6月7日—9日实施。参加考试的对象是全日制普通高中毕业生和具有同等学力的中华人民共和国公民，大学根据学生的高考成绩和本人志愿录取新生。

3 全国统一高考考试科目包括语文、数学、外语三门，所有参加高考的考生均须参加。其他自选科目各地区不尽相同，主要有“3 + X”“3 + 3”和“3 + 1 + 2”等模式。第1个“3”指“语文、数学、外语”这三门必考科目，“X”指由学生根据自己的意愿，自主从文科综合（思想政治、历史、地理）和理科综合（物理、生物、化学）中选择一个作为考试科目。“3 + 3”中的第2个“3”是指从思想政治、历史、地理、物理、生物、化学六门中任选三门。“3 + 1 + 2”中的“1”指从历史、物理中选择一门，“2”是再从思想政治、地理、生物、化学四门中任选两门。

4 高考重视考查学生的综合素质，自选科目有助于发挥考生的特长。当然，如果科科优秀，不存在偏科现象，自然可以高枕无忧。

5 每逢高考那几天，各考场外常常会聚集大量人群，其中有考生的家长，也有学校的老师。考生入场时，家长和老师纷纷给他们加油；考生出场时，迎接他们的是大大的拥抱和问候，当然还有几乎一样的询问：考得怎么样？难吗？

6 中国有三千余所高校，高考成绩揭晓后，考生会根据自己的成绩和个人兴趣填报入学志愿。有的人可能会奔着名牌大学去，有的人可能奔着自己喜爱的专业去。如果考试成绩不理想，上不了心仪的大学，一些考生可能会选择复读，来年再考。有的考生为了进入清华、北大这样的名牌大学，会连考好几年。

7 高考在国家选拔人才、提高国民素质、推动社会进步等方面，起着十分重要的作用。高考“不问出身，不问门第”，广泛吸纳人才，体现了教育的公平性。

8 人的一生中会经历大大小小的考试。高考无疑是莘莘学子学习生涯中最重要的考试之一，但也不是一考定终生。能考上理想的大学固然好，但是没考上也不必气馁，因为成功与否并不取决于上没上大学、上了哪个大学，而在于是否能够为了实现梦想而不懈努力。

（课文字数：902字）

► 第二步：细读课文，回答问题

（1）回答问题

①高等教育为什么受到各国的重视？（第1段）

②参加高考的是哪些人？（第2段）

③具体解释什么是“3＋X”“3＋3”和“3＋1＋2”。（第3段）

④高考考生根据什么填报志愿？（第6段）

⑤高考制度的积极作用体现在哪里？（第7段）

⑥通读全篇课文，思考为什么“百年大计，教育为本”。（全文）

（2）根据课文内容，判断对错并找出理据（在括号中填“对”“错”或“没提到”）

①在中国，每年高考的时间相对固定。（　　）

②高中一年级的学生也可以参加高考。（　　）

③高考成绩不理想的学生，有的会选择继续复习，第二年重新参加高考。（　　）

④物理考试不是每个考生都要参加的。(　　)

⑤高考"不问出身，不问门第"，意思是所有人都能参加。(　　)

▶ 第三步：句义理解（判断对下列句子的理解与原文是否一致）

（1）"高考"指的是普通高等学校招生全国统一考试。（第 2 段）

理解："高考"是普通高等学校招生全国统一考试的简称。

（一致□　不一致□）

（2）自选科目有助于发挥考生的特长。（第 4 段）

理解：自选科目对于发挥考生的特长是有帮助的。

（一致□　不一致□）

（3）中国有三千余所高校。（第 6 段）

理解：中国有大概三千所高校。

（一致□　不一致□）

（4）成功与否并不取决于上没上大学、上了哪个大学。（第 8 段）

理解：上了大学、上了名牌大学也不一定成功。

（一致□　不一致□）

▶ 第四步：词义理解

（1）为下列句子中的画线词语选择最合适的解释

① 其他自选科目各地区不尽相同。（第 3 段）

A 不完全一样　　B 完全不一样

C 不一定相同　　D 尽可能不同

②"X"指由学生根据自己的意愿，自主从文科综合（思想政治、历史、地理）和理科综合（物理、生物、化学）中选择一个作为考试科目。（第 3 段）

A 主要　　B 自己主动

C 自己做主　　D 以自己为主

③"3 + 3"中的第 2 个"3"是指从思想政治、历史、地理、物理、生物、化学六门中任选三门。（第 3 段）

A 任何　　B 责任　　C 任意　　D 任务

④ 如果科科优秀，不存在偏科现象，自然可以高枕无忧。（第 4 段）

A 理科强，文科弱　　B 文科强，理科弱

C 有的科强，有的科弱　　D 某一科特别强，某一科特别弱

⑤ 每逢高考那几天，各考场外常常会聚集大量人群。（第5段）

A 遇到　　B 迎接　　C 临近　　D 准备

⑥ 如果考试成绩不理想，上不了心仪的大学，一些考生可能会选择复读，来年再考。（第6段）

A 有名的　　B 喜爱的　　C 重要的　　D 合适的

⑦ 高考“不问出身，不问门第”。（第7段）

A 不管年龄大小　　B 不管故乡在哪里

C 不管身体是否健康　　D 不管家庭情况如何

⑧ 高考无疑是莘莘学子学习生涯中最重要的考试之一，但也不是一考定终生。（第8段）

A 由一场考试决定人生前途　　B 考试只能成功，不能失败

C 一生中必定要参加的考试　　D 一生只能参加一次的考试

（2）为下列词语中的加点儿语素选择合适的解释

①志愿　　A 志向　　B 标志

②吸纳　　A 呼吸　　B 吸收

③体现　　A 发现　　B 表现

④不懈　　A 放松　　B 放弃

▶ 第五步：朗读课文

（二）泛读

“虎妈”教育可不是中国式教育

1 尽管蔡美儿是在美国出生和成长的，但自从她的新书《虎妈战歌》在美国出版后，她还是成了很多人眼里“中国妈妈”的代表，并获得了一个响亮的称呼——“虎妈”。

2 美国媒体把她教育孩子的方式称为“中国式教育方法”：严格管教两个女儿、盛怒之下骂女儿垃圾、要求每科成绩拿 A、不准看电视、琴练不好就不准吃饭等。“虎妈”的故事登上了《时代》周刊封面，关于中美教育方法的大讨论也在美国达到了高潮。

3 尽管蔡美儿写的只是自己教育孩子的过程，但一些国外媒体把所谓“中国式教育”的标签贴到了蔡美儿身上。

4 事实上，蔡美儿是其父母移民美国一年后出生的“土生土长”的美国人，说她的教育方式代表东方，实在是有些武断。尽管人们的确能从一部分中国父母身上找到“虎妈”的影子，但更重要的是，蔡美儿的教育方式真的是“中国特色”吗？

5 恐怕未必。

6 “虎妈”认为，孩子将来如果想出人头地、成

生词：

1. 响亮 xiǎngliàng Adj loud and clear
2. 管教 guǎnjiào V to discipline (sb., especially a child)
3. 盛怒 shèngnù V to be in a rage
4. 垃圾 lājī N garbage; waste
5. 高潮 gāocháo N climax; upsurge
6. 标签 biāoqiān N label; tag
7. 土生土长 tǔshēng-tǔzhǎng to be born and brought up on one's native soil
8. 武断 wǔduàn Adj opinionated; assertive
9. 未必 wèibì Adv may not; not necessarily
10. 出人头地 chūréntóudì to become outstanding; to be successful

为社会的精英，就必须从小受到严格的训练，付出一百二十分的努力。蔡美儿的大女儿3岁起就练习钢琴，7岁就登台演出并大获成功；同样，她的小女儿6岁开始学习小提琴。对孩子自小的严格要求，实际上也是美国上流社会许多家庭在培养孩子时一直遵循的。《美国是如何培养精英的》一书曾谈到，在美国有很多家庭从孩子小时候起就花钱请老师教孩子学习钢琴。大一些的孩子，学钢琴花钱不说，一天还要至少练习两三个小时。一个准备以后当医生的高中毕业生，甚至为一场音乐会一天要练习七八个小时钢琴。美国学生在高中阶段的竞争越来越激烈，家长为何还让孩子在看似无用的事情上投入这么大？因为很多美国家长认为，学习钢琴实际上是塑造美国未来精英文化品位的过程。家长希望孩子不仅拥有世俗的成就，而且拥有丰富的灵魂。

7 事实上，不管是哪个国家的人，总是有一些父母为了能让子女日后成为社会精英、从事高端工作并在社会竞争中立于不败之地，从小就注重培养孩子的创造力、想象力、领导才能、艺术品位等综合素质。教育目标是一致的，教育方法则是多样的，有严格的“虎爸”“虎妈”，也有温和的“羊爸”“羊妈”。

8 总体来说，不要因为某个人或某一群人的表现轻易给一个国家贴标签，无论做哪种判断都应慎重。蔡美儿的教育方式是她个人的，既不能代

11. 精英 jīngyīng N
outstanding person; elite

12. 世俗 shìsú N
worldly things

13. 不败之地 búbàizhīdì
invincible position

14. 轻易 qīngyì Adv
easily; rashly

表美国，也不能代表中国。从另一个方面来说，世界上每个国家都有“蔡美儿”。

（课文字数：920字）

本文改编自《中国青年报》2011年3月29日文章《“虎妈”的教育可不是中国式教育》，作者桂杰

1 通读课文，判读对错（在括号中填“对”“错”或“没提到”）

（1）“虎妈”是对《虎妈战歌》的作者蔡美儿的称呼。（　　）

（2）蔡美儿出生在中国，生活在美国。（　　）

（3）作者认为蔡美儿的教育方式代表了“中国特色”。（　　）

（4）蔡美儿的教育理念跟美国上流社会的精英教育一致。（　　）

（5）作者认为“虎妈”比“羊妈”多。（　　）

2 通读课文，为下列词语找搭配并连线

（1）立于　　　　A 文化品位

（2）塑造　　　　B 创造力

（3）培养　　　　C 不败之地

3 在文中画“______”词语的上下文中找到其反义词

（1）多样：__________

（2）严格：__________

（3）慎重：__________

（三）实况阅读

培训学校招生广告

暑期班开始招生了！为了使中小学和幼儿园的小朋友都能有机会参加培训学习，暑期班将分两期进行，第二期主要是为了方便8月份才放假的幼儿园的小朋友。暑期

班开设丰富多彩的文艺类培训课程（课程见下表）。

课程安排及收费标准：

第 1 期：7 月 11 日—7 月 31 日（周六日除外）。

第 2 期：8 月 1 日—8 月 20 日（周六日除外）。

课程	招生对象	上课时间	学费
声乐	3 岁及以上	8:30—10:00	1500 元
钢琴	3 岁及以上	8:30—10:00	1500 元
小提琴	3 岁及以上	8:30—10:00	2000 元
古筝	3 岁及以上	10:20—11:50	2000 元
二胡	3 岁及以上	10:20—11:50	2000 元
扬琴	3 岁及以上	10:20—11:50	2000 元
民族舞	3 岁及以上	10:20—11:50	1500 元
芭蕾舞	3 岁及以上	10:20—11:50	1500 元
拉丁舞	3 岁及以上	10:20—11:50	1500 元
绘画启蒙	3 岁及以上	10:20—11:50	1500 元
中国画	5 岁及以上	8:30—10:00	1500 元
素描	8 岁及以上	14:30—16:00	1500 元
语言艺术	3 岁及以上	16:20—17:50	1200 元
跆拳道	3 岁及以上	16:20—17:50	1200 元
中国象棋	4 岁及以上	14:30—16:00	1200 元
围棋	4 岁及以上	14:30—16:00	1200 元
毛笔书法	5 岁及以上	16:20—17:50	1200 元
硬笔书法	6 岁及以上	16:20—17:50	2000 元

为了方便家长们安排自己的工作，报名全天课程的同学，中午赠送午餐（两荤一素），报名三门及以上课程同学的学费九五折。即日起开始接受报名，前 100 名报名的同学可获得一张价值 300 元的代金券（每人限领一张，可与其他优惠同享）。

（1）根据下列儿童的情况，在他们可选的课下画“√”

儿童年龄	课程									
	钢琴	围棋	素描	硬笔书法	中国画	古筝	二胡	民族舞	毛笔书法	拉丁舞
3 岁										
4 岁										
5 岁										
6 岁										
8 岁										
12 岁										

（2）为他们计算一下儿学费

①5 岁，报名参加钢琴、绘画启蒙、围棋和语言艺术。

总费用：__________

②12 岁，报名参加小提琴、民族舞、中国象棋、硬笔书法，是第 50 名报名的学生。

总费用：__________

（3）请为一名小学三年级的学生（9 岁）报名选课并说明理由

第四部分：趣味汉语

熟语

谈谈你对下列熟语的理解

- 十年树木，百年树人。
- 少壮不努力，老大徒伤悲。
- 不吃苦中苦，难为人上人。

第三课　网络生活

第一部分：知识银行

（一）常用字

1　群　qún 

形声字，“羊”是意符，“君”是声符。本义为“羊群、兽群”，引申为“人群、物群”。

可做词缀，表示“聚在一起的人或物”，在微信、QQ 等聊天儿工具中，常称多人交流小组为“～群”。

（1）内蒙古草原上到处都是牛群、羊群。

（2）最近我加入了一个“健身群”，想健身时可以在群里找伴儿。

练习：打开微信或 QQ 看看你都加入了什么群。你知道如何建群吗？“群主”是什么意思？

2　手　shǒu 

象形字，意为“人体上肢前端能拿东西的部分”。

“手”可以用在名词、动词或形容词后，表示“做某种事情的人或擅长某种技能的人”。

例：歌手　赛车手　能手

练习：猜一猜画线词语的意思

（1）教学方面我是新手，请大家多多指教。

（2）小王做饭是一把好手。

（二）常用书面词语

1 尤为：副词，意思是“特别、非常”，暗含比较义，表示在某个范围内程度尤其高。

全班的成绩都在及格线上下，他 90 分，尤为突出。

练习：选择合适的“尤为……”完成句子

A 尤为可惜　B 尤为迅速　C 尤为适合　D 尤为明显

（1）电子商务近些年的发展________，出现了一大批知名电商。

（2）他平时成绩优秀，这次因病没能参加高考，让人感觉________。

（3）最近大家的工作积极性都提高了，小张的表现________。

（4）导演觉得演古装戏对我来说________。

2 一味：副词，表示“单纯地、一个劲儿地”。有贬义。

（1）遇到问题，要努力自己解决，不能一味等待别人的帮助。

（2）做生意不能一味地模仿别人的做法，要努力创新。

练习：用“一味（地）+ 动词”完成句子

（1）面对困难时，________________是不行的，要勇敢面对。

（2）孩子做错事时，不要________________，应该多跟孩子交流。

（三）常用格式

1 呈……：格式中的“呈”是“显出、露出、表现出”的意思，通常与表示发展趋势的双音节动词搭配，例如“上升”“下降”等，搭配后还常与“态势 / 趋势”搭配，构成“呈……态势 / 趋势”。

（1）我国清洁能源消费总量呈上升态势。

（2）国产汽车销售量呈高速增长趋势。

思考：近些年，哪些行业的发展呈上升趋势，哪些呈下降趋势？

2 **……之初：**格式中的“初”表示“开始时”，“……之初”的意思是“……开始的时候”。

手机上市之初，作为一种通信工具，主要功能还是打电话、发短信。

练习：用“……之初”改写下列句子

（1）我们刚刚相识时，对对方的印象并不太好。

____

（2）公司刚成立的时候，只有不到十个员工。

____

第二部分：技巧训练

技巧（三）：利用文中互释词语理解词义

有一些词语的意思可以从上下文中得到线索，比如：“他由于长时间使用触屏手机，手部关节总是疼痛无力，即人们常说的‘触屏手’。”在这句话中，“手部关节总是疼痛无力”实际上是对“触屏手”的说明，读者看了这句话就能明白“触屏手”的意思。再如：“别看他是文盲，但他的孩子个个有知识、有文化。”这句话中，“但”提示了“有知识、有文化”的意思与“文盲”相反，“有知识、有文化”的意思很容易理解，因此“文盲”的意思能很容易地推测出来。

练习：

（1）解释画线词语的意思

① 面对激烈的社会竞争，一些人选择了“躺平”，不奋斗，不争取，顺其自然。

② 他们俩分手以后，关系不但没有疏远，反而比以前亲近了。

③ 我们不能只一味地重视产品的销量，而忽略了产品质量的提升。

（2）选择合适的词语填空

① 他对玩儿手机游戏________，每天玩儿个不停，影响了正常的生活。

（A 上瘾　B 没兴趣）

② 时间如此宝贵，应该好好珍惜，怎么能每天打游戏________时间呢？

（A 节省　B 浪费）

③ 谦虚使人进步，骄傲使人________。（A 落后　B 自豪）

第三部分：阅读实践

（一）精读

1 生词学习

1	依赖	yīlài	V	依靠某人或某物。 依赖别人；过度依赖 每个人都要有独立性，不能过度依赖别人。
2	普及	pǔjí	V	普遍传播，普遍推广。 大力普及；普及法律知识 随着互联网的普及，电子商务发展迅速。
3	形影不离	xíngyǐng-bùlí		像形体与它的影子一样不能分离，形容关系亲密。 中学时，她们是形影不离的好朋友。
4	应运而生	yìngyùn'érshēng		迎合某种形势需要而产生。 现在的父母非常重视培养孩子的特长，书法班、舞蹈班等各种培训班应运而生。
5	魂不守舍	húnbùshǒushè		形容心神不宁、精神无法集中的样子。 她一定有事，跟她说什么她都没反应，看上去魂不守舍的。
6	坐卧不宁	zuò wò bù níng		坐着、躺着都不安宁，形容由于担心、害怕而不安的样子。 孩子还没找到，全家人都坐卧不宁。
7	症状	zhèngzhuàng	N	机体因发生疾病而表现出来的异常感觉和状态。 感冒的症状；明显的症状 发烧、嗓子疼是流感的常见症状。
8	通信	tōngxìn	V	利用电波、光波等信号传送文字、图像等。 通信技术；通信设施 移动通信技术发展迅速。
9	多面手	duōmiànshǒu	N	擅长多种技能的人。 她是个多面手，唱歌、跳舞、运动样样都行。 我们要使自己成为工作中的多面手。
10	失落	shīluò	Adj	精神上感到空虚。 感到失落；失落的心情 好朋友功成名就，而自己一事无成，他觉得很失落。

11	因人而异	yīnrén'éryì		因各人情况不同而有差异。 每个人对幸福都有自己的理解，幸福的含义因人而异。
12	幻听	huàntīng	N	听到实际上不存在的声音。 出现幻听；产生幻听 最近她出现了幻听的症状。
13	繁忙	fánmáng	Adj	事情多，没有空闲。 工作繁忙；繁忙的一天 不管工作多繁忙，他都会抽时间陪孩子玩儿。
14	人群	rénqún	N	成群的人。 拥挤的人群；这类人群 他在人群里挤来挤去。
15	家常便饭	jiācháng-biànfàn		家里常吃的饭菜，比喻经常发生的事。 自从升职以后，加班、熬夜成了家常便饭。
16	诱惑	yòuhuò	V	吸引，招引；使用手段，使人认识模糊而做坏事。 受到诱惑；诱惑别人 巨大的市场诱惑着全世界的商人。 有的人抵挡（dǐdǎng，to resist）不住金钱的诱惑，最终走上了犯罪道路。
17	冰山一角	bīngshān-yìjiǎo		比喻事物已经显露出来的一小部分。 媒体报道的只是冰山一角，全面的情况我们还要再了解。
18	寄托	jìtuō	V	把理想、希望、感情等放在（某人身上或某种事物上）。 精神寄托；寻找寄托 作者把自己的思想、情感寄托在剧中主人公身上。

2 热身练习

（1）快速找出本课生词

① 随着人们对智能手机越来越依赖，一种新型心理疾病也应运而生，那就是"手机依赖症"。

② 很多人在上下班时如果手机没电了都会有种失落的感觉。

③ 对于还在上学的学生来说，游戏本来就有无上的诱惑力。

（2）选择合适的词语填空

A 形影不离　B 魂不守舍　C 坐卧不宁　D 家常便饭　E 冰山一角

① 明明不是自己的电话响，却还是忍不住要拿出手机来看一眼，这种情况已经是________。

② 相信很多人都遇到过这个问题，那就是在手机上跟朋友聊天儿聊得很好，可是到真正聚会的时候，却没有什么可以聊的。这就是说，人们面对面沟通的能力被手机弱化了，而这仅仅是________。对手机的依赖过深，导致手机成了人们的精神寄托。

③ 随着智能手机的不断普及，几乎每个人都与它们________。

④ 只是半天不见手机，也会________，________。

3 课文："手机依赖症"大揭秘

► 第一步：读前思考，读后回答

思考题：

（1）什么是"手机依赖症"？

（2）"手机依赖症"有哪几种症状？

（3）这些症状你占了几种？

1 随着智能手机的不断<u>普及</u>，几乎每个人都与它们形影不离。无论是在上下班路上，还是在平常生活中，智能手机的使用率都非常高。

2 但随着人们对智能手机越来越依赖，一种新型心理疾病也应运而生，那就是"手机依赖症"。青年白领女性、工作压力大的中年男人和学生这三类人表现得尤为明显。

3 在地铁上随处可见低着头玩儿手机的人，很多人用手机听歌或者看电子书。几乎80%以上的人都离不开智能手机，哪怕只是一会儿不见，也会魂不守舍，坐卧不宁。

4 这就是"手机依赖症"的典型表现。高科技在给我们带来便利的同时，也让我们对智能手机产生了过度的依赖。

“手机依赖症”症状一：手机不离手

5 手机上市之初，作为一种通信工具，主要功能还是打电话、发短信，所以一般在不用的时候都是放在一边的。但随着智能手机的普及，手机功能呈几何倍数增长。现在的手机已经成为一个“多面手”，无论是听歌、拍照，还是打游戏，都离不开它。

6 现在，人们越来越忙碌，每天上下班的路上要挤地铁、坐公交，很多人仅仅在上班路上就要花费两三个小时。在这段时间里，几乎每个人都会做出同一个选择，那就是玩儿手机。很多人在上下班时如果手机没电了都会有种失落的感觉，只有捧着手机才能静下心来。当然这种情况也有轻有重，因人而异。

“手机依赖症”症状二：手机幻听

7 大概很多人都遇到过这种情况，那就是手机放在包里，总感觉它在响或者在振动，可是等到拿出来的时候却发现，并没有人给你打电话或是发信息。这就是我们所说的幻听和幻振。其实手机幻听主要原因还是在于心理压力过大，这主要出现在电话业务长期繁忙的人群中，明明不是自己的电话响，却还是忍不住要拿出手机来看一眼，这种情况对他们来说已经是家常便饭。

“手机依赖症”症状三：玩儿手机游戏上瘾

8 智能手机普及的今天，越来越多的人喜欢上了手机游戏。玩儿手机游戏常使人轻松愉快，很适合消磨时间。还有一些大型游戏，游戏里有剧情或需要不断提升级别。对于还在上学的学生来说，游戏本来就有无上的诱惑力，再加上智能手机的便携性，特别受学生欢迎。

9 对于自制力较弱的学生来说，依赖手机大多就是依赖游戏。无论是听歌、看小说，还是玩儿游戏，广大学生在上课期间的注意力很容易被转移。先不论能不能通过今后的考试，首先是浪费了宝贵的学习时间，其次对青少年的身心也是有害的。

“手机依赖症”症状四：集体活动玩儿手机

10 还有一个现象是值得注意的，那就是很多人在聚会的时候，也会不自主地长时间低头看手机，要么看网页，要么聊微信，跟身边的人反而没话说。

11 相信很多人都遇到过这个问题，那就是在手机上跟朋友聊天儿聊得很好，可是到真正聚会的时候，却没有什么可以聊的。这就是说，人们面对面沟通的能力被手机弱化了，而这仅仅是冰山一角。对手机的依赖过深，导致手机成了人们的精神寄托。

12 如果连在最容易增进友谊的聚会上人们都只一味地看手机，那么人和人之间的关系就会越来越疏远。这也是现在最严重的“手机依赖症”症状。

（课文字数：1182 字）

本文改编自 360 常识网 2016 年 1 月 10 日文章《“手机依赖症”四大常见症状揭秘》

► 第二步：根据课文内容，判断对错并找出理据（在括号中填“对”“错”或“没提到”）

（1）得“手机依赖症”的人都是上班族。（　　）

（2）人们坐地铁时，最喜欢用智能手机看电子书。（　　）

（3）手机幻听是因为电话业务繁忙，耳朵震坏了。（　　）

（4）长时间玩儿手机不但对眼睛不好，而且容易形成“触屏手”。（　　）

（5）聚会时为了礼貌，大家都不好意思玩儿手机。（　　）

► 第三步：句义理解（判断对下列句子的理解与原文是否一致）

（1）但随着人们对智能手机越来越依赖，一种新型心理疾病也应运而生，那就是“手机依赖症”。（第 2 段）

理解：因为社会上出现了新型心理疾病，所以产生了“手机依赖症”。

（一致□　不一致□）

（2）很多人在上下班时如果手机没电了都会有种失落的感觉。（第 6 段）

理解：上下班时如果手机没有电了，人们会非常担心、着急。

（一致□　不一致□）

（3）明明不是自己的电话响，却还是忍不住要拿出手机来看一眼。（第 7 段）

理解：即使不是自己的手机响，也会不自觉地拿出自己的手机看看。

（一致□　不一致□）

（4）相信很多人都遇到过这个问题，那就是在手机上跟朋友聊天儿聊得很好，可是到真正聚会的时候，却没有什么可以聊的。这就是说，人们面对面沟通的能力被手机弱化了。（第 11 段）

理解：由于人们常用手机聊天儿，导致人们面对面沟通的能力变弱了。

（一致□　不一致□）

▶ 第四步：词义理解

（1）为下列画线词语选择合适的解释

① 高科技在给我们带来便利的同时，也让我们对智能手机产生了过度的依赖。（第 4 段）

A 过分的　B 过去的　C 长时间的　D 时时刻刻的

② 玩儿手机游戏常使人轻松愉快，很适合消磨时间。（第 8 段）

A 节省时间　B 浪费时间　C 忙里偷闲　D 度过空闲时间

③ 对于还在上学的学生来说，游戏本来就有无上的诱惑力。（第 8 段）

A 不太大　B 最高的　C 没人知道　D 过去没有

（2）为下列文中画线词语在其上下文中找到基本合适的解释，并抄写在下面的横线上

① 普及（第 1 段）：______

② 智能手机（第 5 段）：______

③ 幻听（第 7 段）：______

（3）仿照例子，通过语素义推测下列文中画线词语的意思并写下来

例：揭秘：揭开秘密

①便携性（第 8 段）：______

②自制力（第 9 段）：______

③弱化（第 11 段）：______

▶ 第五步：朗读课文

（二）泛读

直播带货助力乡村振兴

1 “直播带货”是伴随新媒体技术发展而兴起的一种新型网络销售模式。“万物皆可播，人人皆主播”，有越来越多的人加入直播大军。除了人们熟知的平台主播、“网红”、明星等，还有一批人也走进了直播间，其中不乏乡村干部，还有不少是我们地地道道的农民兄弟。他们为广大网友带来了琳琅满目、富有地域特色的农产品，开辟了农产品销售新模式，切实实现了农民增收，推动了农村产业的高质量发展，有效助力乡村振兴。

2 江西省某县县长走进助农直播间，变身电商主播，为农特产品代言，仅1小时销售额就达66.6万元，店铺准备的多款农特产品销售一空；甘肃省某县县长通过直播卖出了近1吨苹果；山西省某县县长的辣酱上线5分钟卖出8000多份，相当于平时两年半的销量……与此同时，越来越多的农民变身“主播”，介绍、宣传、销售农产品，蔬菜大棚、田间地头都变成了他们的直播间。这种方式实现了农村主播与消费者的实时互动对话，让消费者更加直观地了解农产品，快速将农户和消费者有效对接起来，带动了农产品的销售。

3 “你看，我这葛根都是长在山上的，纯野生的，养胃好得很……”江西省宜春市某村45岁的农民乐文秋正对着手机直播的镜头向“远在天边”

生词：

1. 振兴 zhènxīng V
   to promote; to boost
2. 新媒体技术
   xīnméitǐ jìshù
   new media technology
3. 皆 jiē Adv all
4. 大军 dàjūn N
   army
5. 不乏 bùfá V
   there is no lack of
6. 琳琅满目
   línláng-mǎnmù
   superb collection of beautiful things
7. 开辟 kāipì V
   to open up
8. 切实 qièshí Adj
   effective; practical
9. 产业 chǎnyè N
   industry
10. 辣酱 làjiàng N
    thick chili sauce
11. 宣传 xuānchuán V
    to publicize; to advertise

的网友介绍刚挖出来的野生葛根。前些年，一场疾病“袭击”了乐文秋，当时为了治病，他花费了十几万元。2017年，他曾参加政府组织的电商培训班，他想到自己上山寻找并食用野生葛根后胃病有所好转，便萌生了在手机上推广山货的想法。农民直播在网络上显得有些“另类”，但就是这样散发着泥土芬芳的“另类”在网络世界中引起了众多网友的关注，野生葛根一时间成为抢手货，手机直播让乐文秋尝到了实实在在的甜头。乐文秋人气剧增，很快便成了“网红”。有了网络销售渠道，他不仅卖野生葛根，还将野生木耳、野生猕猴桃等土特产也一起放在直播间里推广，不到一年时间销售额就达到30万元。除了自己成功脱贫致富，他还带动当地农户共同致富。

4 手机直播卖山货改变了乐文秋的生活，对于未来的生活，他充满信心。他也感慨，以前在大山里，交通不便，很多好东西是“养在深闺人未识”，这些年不但道路修通了，网络也通畅了，致富之路越来越广了。

（课文字数：858字）

12. 对接 duìjiē V
to connect
13. 葛根 gégēn N
root of kudzu vine
14. 镜头 jìngtóu N
camera lens
15. 袭击 xíjī V
to attack
16. 萌生 méngshēng V
to conceive (an idea, etc.)
17. 另类 lìnglèi Adj
unconventional; offbeat
18. 泥土 nítǔ N
earth; soil
19. 抢手 qiǎngshǒu Adj
popular
20. 人气 rénqì N
popularity
21. 木耳 mù'ěr N
jelly ear
22. 猕猴桃 míhóutáo N
kiwi fruit
23. 脱贫致富
tuōpín zhìfù
to cast off poverty and achieve prosperity
24. 养在深闺人未识
yǎng zài shēnguī rén wèi shí
People raised in the boudoir are unknown.

1 通读课文，按行文顺序排列句子

（1）江西省某农民兄弟通过直播带货脱贫致富的实例。
（2）农产品直播带货的价值和意义。
（3）江西省某农民兄弟感慨农民致富道路越来越宽广。
（4）乡村干部走进直播间为农产品代言，效果显著。
正确的顺序：______________________

2 细读课文，回答问题

（1）什么是“直播带货”？哪些人可以成为主播？请举例说说。
（2）文中提到的农产品直播间有哪些？
（3）简单介绍一下儿江西省农民通过直播带货脱贫致富的故事。
（4）关于农产品直播，你有何感想？

3 下面是两段农产品的直播词，读后在下方横线处填写其售卖产品的名称及产品特点

朋友们好！都说“全世界沃柑看中国，中国沃柑看广西”，现在我手上的就是生长在广西武鸣的沃柑，我给朋友们试吃一下儿。汁水丰富，一个字，就是甜啊，好吃！	大家看到东北肥沃的黑土地了吗？这里的农作物一年一熟，在营养和口感上都远远胜出其他产地的同类产品。玉米大家都经常吃，很多朋友煲汤的时候也会放，我们今天这个就是来自东北黑土地的玉米。
农产品名称：______________	农产品名称：______________
农产品特点：______________	农产品特点：______________

（三）实况阅读

网络时代保护隐私的技巧

大家在享受网络带来的便利的同时，有没有考虑过一个问题：如何在网络上保护我们的隐私？

要想保护好自己的隐私，首先要有自我保护意识，这里总结了一些常用的保护个

人隐私的技巧，供大家参考。

1. 不要随意在公共网站上提交个人信息。这一点是至关重要的，隐私通常是自己无意中泄露出去的。举个例子来说，几年前你可能在某个网站上录入过自己的个人信息，今天你会发现你的个人信息被复制到至少四五个网站供人搜索、查询。因此，除了政府网站、银行网站、著名的电子商务网站之外，对无法确认安全性的网站，不要在里面提交自己的真实信息。

2. 发布文章，三思而后行。在网络上发帖子、写博客，不要轻易发布隐私信息。文章发布出去，就无法收回来了，文章会被存档、转载，甚至散布到很多你永远都不知道的网站上。因此，在网上发文章一定要三思而后行。

3. 使用安全的密码。如果一定要在网络上保存自己的信息（例如电子邮件、私人日记等），那么一定要使用一个安全的密码。所谓安全的密码，通常情况下是多于6位、有字母和数字组合的密码。

4. 注意个人电脑的安全。自己使用的电脑，要有足够的安全设置，确保个人电脑不被黑客入侵。

如何查询自己的个人隐私是否已经外泄，这里也有一些技巧。

1. 定期使用信息搜索网站搜索自己的真实姓名，重点查看前三页的内容，看看是否有和自己相关的隐私信息。

2. 定期使用信息搜索网站搜索“姓名 + 个人信息（如工作单位、学校、住址、电话号码等）”。通过这种组合查询，能较为准确地知道自己信息外泄的情况。

如果个人隐私已经泄露，该怎么办？

1. 如果是自己建立的网页或者主动填写的信息，那么直接登录网站进行删除操作。

2. 如果发布在第三方网站上，那么通过邮件或电话联系对方网站的管理员，要求其删除个人隐私信息。

（1）根据课文内容，判断对错（在括号中填“对”“错”或“没提到”）

① 在任何网站上都不要提交个人信息。（　　）

② 安全密码是不少于 6 位的数字或者字母的组合。（　　）

③ 为防止个人电脑被黑客入侵，应该有足够的安全设置。（　　）

④ 发现信息泄露，自己迅速删除即可。（　　）

（2）根据课文内容，判断下列情况可能引发的后果

① 张先生在看房网站上录入过自己的姓名、电话等信息。

② 张先生在自己的博客上发布了跟女朋友旅行的照片。

③ 张先生的网络私人日记密码为 123456。

第四部分：趣味汉语

熟语

谈谈你对下列熟语的理解

- 害人之心不可有，防人之心不可无。
- 一寸光阴一寸金，寸金难买寸光阴。

第四课　美丽人生

第一部分：知识银行

（一）常用字

1　丸　wán 

会意字，从“九”，从“丶”。指小而圆的东西，也可专指“药丸”。

例：肉丸　药丸

练习：猜一猜画线词语的意思

（1）她把橡皮泥揉成了丸状。

（2）请给我来一份鱼丸。

2　炎　yán 

会意字。本义为“火苗上升”，后引申为“热”，也指身体的一部分发生红、肿、热、痛等现象，即炎症。

例：炎热

　　胃炎　鼻炎

练习：选择合适的词语填空

A 肺炎　　B 肠炎　　C 皮炎

（1）感冒引起了__________，他咳嗽得很厉害。

（2）我们要注意饮食卫生，食用不干净的食物容易引起________。

（3）化妆品使用不当容易引发________。

（二）常用书面词语

1 享年： 敬辞，称死亡的人去世时的年龄（多用于老人）。

（1）孔子享年72岁。

（2）中国“杂交水稻之父”袁隆平2021年去世，享年91岁。

思考：“这位作家84岁时在北京去世”用“享年”怎么表达？

2 曾几何时： 指时间过去没有多久，常用于对比现在。

曾几何时，这里还是一片平房，而今已是高楼林立了。

思考：“曾几何时，这里是一片荒山”后边可能出现什么句子？

（三）常用格式

1 ……伊始： “伊始”的意思是“开始、开端”，“……伊始”指某段时间的开始或者某件事情的开端。

（1）新学期伊始，我做了详细的学习计划。

（2）公司成立伊始就非常重视人才培养。

练习：用“……伊始”改写下列句子

（1）新的一年刚开始，这家手机公司就推出了一款新产品。

____

（2）新总经理刚上任就开始进行各种改革。

____

2 ……，殊不知……： “殊不知”的意思是“竟不知道”，“……，殊不知……”常用于纠正自己或别人的想法。

（1）大家看他天天笑呵呵的，殊不知他的工作压力很大。

（2）一些年轻人认为吸烟很酷，殊不知吸烟在给自己带来伤害的同时，也影响了他人的健康。

练习：用"……，殊不知……"改写下列句子

（1）很多人只在意结果，却不知道过程同样重要。

____

（2）高跟鞋颇受女性的喜爱，但很多人并不清楚长期穿高跟鞋可能会引起足部疾病。

____

第二部分：技巧训练

技巧（四）：根据词语搭配特点猜测词义

每种语言中都有一些常用、固定的词语搭配和结构搭配。阅读时，有些句子不一定读完，就可以根据前边出现的词语推测出后边可能出现哪类词语或哪个词语。比如："这项研究成果为新产品的研发奠定了坚实的理论……"这个句子省略的部分可以很容易地推测出来是"基础"，因为"奠定……基础"是特别典型的搭配。又如："既然你认识到自己错了，就应该立即……"与"错误""缺点"等词经常搭配的是"改正"，即"改正错误""改正缺点"。了解这一常见搭配，能很容易地判断出省略的部分应该是"改正"。在学习过程中注意多积累词语搭配和结构搭配，将有助于阅读理解能力的提高，并有助于提升阅读速度。

练习：

（1）选择与画线词语意思相同或相近的词语

① 回到家乡安度晚年，是他几十年的夙愿，如今终于实现了。

A 祝愿　　B 自愿　　C 情愿　　D 心愿

② 在医生和护士的努力下，他的病终于痊愈了，明天就可以出院了。

A 治好　　B 严重　　C 恢复　　D 减轻

（2）选择横线上可能出现的词语

① 在 100 米自由泳比赛中，他再次打破了世界__________。

A 金牌　　B 成绩　　C 冠军　　D 纪录

② 随着经济的发展，人们的生活条件得到了极大__________。

A 进步　　B 促进　　C 改善　　D 改革

第三部分：阅读实践

（一）精读

1 生词学习

1	拯救	zhěngjiù	V	援救，救助，使脱离灾难或危险。 拯救生命；得到拯救 我们必须加强环保意识，拯救地球。
2	糖丸	tángwán		甜味的糖果；在课文中指脊髓灰质炎疫苗。 一颗糖丸；吃糖丸 这种“糖丸”的作用是预防脊髓灰质炎。
3	粒	lì	M	用于小圆珠形或小碎块状的东西。 一粒药；几粒米 每一粒粮食都很宝贵。
4	安慰	ānwèi	V	使心情安适。 安慰自己；自我安慰 父母安慰了她很久，她才不哭了。
			Adj	因精神上得到满足而心情安适。 感到安慰
5	惊心动魄	jīngxīn-dòngpò		形容使人心情与精神受到强烈冲击。 这是一部灾难片，场面惊心动魄。
6	脊髓灰质炎	jǐsuǐ huīzhìyán		由脊髓灰质炎病毒（poliovirus）引起的严重危害儿童健康的急性传染病，英文名称 poliomyelitis。
7	俗称	súchēng	V	通俗地叫作。 输液俗称打点滴。
			N	通俗的名称，非正式的名称。 电脑是计算机的俗称。
8	一旦	yídàn	Adv	指不确定的某一天，含强调语气。 有些东西一旦失去，就再也得不到了。
9	治愈	zhìyù		通过治疗恢复健康。 治愈伤痛；无法治愈 经过一段时间的治疗，他的病终于治愈了。
10	灿烂	cànlàn	Adj	光彩鲜明耀眼。 阳光灿烂；灿烂的未来 让我们一起创造更加灿烂的明天。

11	夜以继日	yèyǐjìrì		日夜不停，多用于工作或学习。 为了提前完成任务，大家夜以继日地工作。
12	顽强不屈	wánqiáng bùqū		坚强，不屈服。 在自然灾害面前，中国人民又一次展现出了顽强不屈的精神。
13	法宝	fǎbǎo	N	比喻用起来特别有效的工具、方法或经验。 成功的法宝；幸福的法宝 坚持是胜利的法宝。
14	疫苗	yìmiáo	N	指能使机体产生免疫力的生物制品，主要起预防疾病的作用。 流感疫苗；研制疫苗 所有的儿童都可以免费接种疫苗。
15	艰辛	jiānxīn	Adj	艰难困苦。 充满艰辛；艰辛的劳动 生活虽有艰辛，但也有很多快乐。
16	跋涉	báshè	V	爬山过河，形容旅途艰苦。 长途跋涉；艰苦跋涉 为了完成任务，他们不顾山高水险，跋涉千里。
17	院士	yuànshì	N	科学院和工程院各学部的组成人员。 中国科学院院士；被选为院士 他去年当选了中国科学院院士。
18	谦逊	qiānxùn	Adj	谦虚恭敬。 谦逊的态度；十分谦逊 谦逊是一种美德。
19	崇高	chónggāo	Adj	（地位）特别高的，（品德）特别高尚的。 崇高的理想；品格崇高 有崇高理想的人让人敬佩。
20	由衷	yóuzhōng	V	出于本心。 由衷感谢；由衷地赞叹 对于她的帮助，我们表示由衷的感谢。

专有名词

1	华夏	Huáxià	PN	中国的古称，泛指中华民族。
2	苏联	Sūlián	PN	苏维埃社会主义共和国联盟（Union of Soviet Socialist Republics）的简称。

2 热身练习

（1）快速找出本课生词

①（这种病）一旦得了就无法治愈。

②很多幼儿得了脊髓灰质炎，也就是俗称的小儿麻痹症（mábìzhèng, paralysis）。

③顾方舟向国家建议走活疫苗的技术路线。

④他却谦逊地说：“我一生只做了一件事，就是做了一颗小小的糖丸。”

⑤让我们怀着无比崇高的敬意由衷地说一声：“谢谢您，糖丸爷爷！”

（2）选择合适的词语填空

A 顽强不屈　B 惊心动魄　C 夜以继日

①我们总以为那粒小小的糖丸只是一种带着甜味的小零食，甚至觉得那只是医生安慰和鼓励孩子的手段，殊不知它发挥了巨大的作用，更不知道它背后还藏着＿＿＿＿的故事。

②1951年到1955年，他被国家派到苏联留学，其间他＿＿＿＿地学习。可以说，丰富的知识和＿＿＿＿的品质，是他战胜脊髓灰质炎的法宝。

3 课文：他一辈子只做了一件事，却拯救了数十万儿童——谢谢您，“糖丸爷爷”！

► 第一步：读前思考，读后回答

思考题：

（1）“糖丸爷爷”是谁？

（2）文中的“糖丸”是做什么用的？

（3）“糖丸爷爷”的性格有什么特点？

1　2019年伊始，顾方舟老人因病在北京逝世，享年92岁。很多人或许从没听过顾方舟这个名字，但他做的事情却与我们每个人都有割不断的联系。

2　曾几何时，我们还是牵着妈妈手的孩子，不愿意去医院，害怕打针，看到亮闪闪的针头时会大哭大闹。在你哭闹的时候，有没有遇到过这样的情景？医生没有像你想象的那样给你打针，而是拿出糖丸给你吃。回忆那段时光，我们

总以为那粒小小的糖丸只是一种带着甜味的小零食，甚至觉得那只是医生安慰和鼓励孩子的手段，殊不知它发挥了巨大的作用，更不知道它背后还藏着惊心动魄的故事。

3　20 世纪 50 年代，一种“怪病”在华夏大地上迅速蔓延，很多幼儿得了脊髓灰质炎，也就是俗称的小儿麻痹症。这种病多发于 7 岁以下的儿童，有些孩子可能因此手不能动了，有些可能不会走路了，最严重的是没办法自主呼吸，而且一旦得病就无法治愈。为了让千千万万儿童有一个美好的童年、灿烂的人生，顾方舟和他的伙伴于 1957 年毅然踏上了挑战病毒的征程。

4　顾方舟 1950 年毕业于北京大学医学系，1951 年到 1955 年被国家派到苏联留学。学习期间，他夜以继日，勤奋刻苦。可以说，丰富的知识和顽强不屈的品质，是他战胜脊髓灰质炎的法宝。

5　1959 年顾方舟一行人去苏联考察脊灰疫苗的情况时，“死”“活”疫苗两派各持己见，争执不下，选择哪一种是对的，没有人能解答。充分考虑到那时的国情——经济实力弱、人口众多、防疫人员有限，顾方舟向国家建议走活疫苗的技术路线并最终被采纳。事实证明，他当时的决定是对的。

6　回国后，为加快疫苗研发进度，顾方舟举家搬到云南大山深处的科研所。他和同事在深山老林里，凭借单薄的力量，只用了几个月的时间，就建起了一座面积达 13 700 平方米的疫苗生产基地。在那里生产出的疫苗通过飞机运往全国各地。

7　后来，考虑到小孩儿都爱吃甜的，顾方舟发明出了更安全、更高效，无须冷冻的脊灰疫苗——“糖丸”。这“糖丸”被国家列入了免疫计划，以确保每个小孩儿都能吃到。自 1965 年脊灰疫苗向全国推广后，脊髓灰质炎的年平均发病率从 1949 年的十万分之 4.060，下降到 1993 年的十万分之 0.046，使数十万儿童免于残疾。

8　2000 年，在“中国消灭脊髓灰质炎证实报告签字仪式”上，74 岁的顾方舟作为代表，签下了自己的名字。从 1957 年到 2000 年，消灭脊髓灰质炎这条不平路，顾方舟艰辛跋涉了 44 年。

9 顾方舟不是中国科学院院士，但有人称赞他说，顾方舟是比院士还院士的科学家，而他却谦逊地说："我一生只做了一件事，就是做了一颗小小的糖丸。"

10 现在，让我们怀着无比崇高的敬意由衷地说一声："谢谢您，'糖丸爷爷'！"

（课文字数：1003 字）

本文改编自网易新闻 2019 年 1 月 16 日文章《他一辈子只做了一件事，却拯救了数十万儿童，谢谢你"糖丸爷爷"》，作者感情的漩涡中心

► **第二步：根据课文内容，判断对错并找出理据（在括号中填"对""错"或"没提到"）**

（1）顾方舟生前是一位非常著名的科学家。（　　）

（2）顾方舟根据中国当时的国情，选择了活疫苗的技术路线。（　　）

（3）顾方舟的研究团队人多力量大。（　　）

（4）"糖丸"比过去的活疫苗更加安全、高效。（　　）

（5）2000 年后，全世界的孩子都不用再吃预防脊髓灰质炎的"糖丸"了。（　　）

► **第三步：句义理解（判断对下列句子的理解与原文是否一致）**

（1）这种病多发于 7 岁以下的儿童，有些孩子可能因此手不能动了，有些可能不会走路了，最严重的是没办法自主呼吸，而且一旦得病就无法治愈。（第 3 段）

理解：这种病会造成儿童残疾，而且没有办法治好。

（一致□　不一致□）

（2）为了让千千万万儿童有一个美好的童年、灿烂的人生，顾方舟和他的伙伴于 1957 年毅然踏上了挑战病毒的征程。（第 3 段）

理解：为了儿童的健康，顾方舟等人不怕困难，开始从事相关的研究工作。

（一致□　不一致□）

（3）回国后，为加快疫苗研发进度，顾方舟举家搬到云南大山深处的科研所。（第 6 段）

理解：顾方舟全家搬到云南去，是为了更快地研制疫苗。

（一致□　不一致□）

（4）后来，考虑到小孩儿都爱吃甜的，顾方舟发明出了更安全、更高效，无须冷冻的脊灰疫苗——"糖丸"。（第 7 段）

理解：脊灰疫苗"糖丸"的优点除了更安全、更高效以外，还有适合冷藏、符合小孩儿的口味等优点。

（一致□　不一致□）

（5）顾方舟是比院士还院士的科学家。（第 9 段）

理解：顾方舟的贡献并不比其他院士小。

（一致□ 不一致□）

► 第四步：词义理解

（1）给下列句子中的画线词语选择合适的解释

① 很多人或许从没听过顾方舟这个名字，但他做的事情却与我们每个人都有割不断的联系。（第 1 段）

A 或多或少　B 无法分割　C 说不清楚　D 不断加深的

② 曾几何时，我们还是牵着妈妈手的孩子。（第 2 段）

A 拉　B 靠　C 举　D 握

③ 1959 年顾方舟一行人去苏联考察脊灰疫苗的情况时，“死”“活”疫苗两派各持己见，争执不下，选择哪一种是对的，没有人能解答。（第 5 段）

A 都愿意跟对方合作　B 都没有自己的意见

C 都尊重对方的意见　D 都坚持自己的看法

④ 顾方舟向国家建议走活疫苗的技术路线并最终被采纳。（第 5 段）

A 接受　B 拒绝　C 放弃　D 解决

⑤ 这“糖丸”被国家列入了免疫计划，以确保每个小孩儿都能吃到。（第 7 段）

A 确实　B 确诊　C 保证　D 保护

（2）词语搭配

① 灿烂的　A 知识

② 丰富的　B 敬意

③ 单薄的　C 人生

④ 崇高的　D 力量

► 第五步：朗读课文

（二）泛读

追忆白方礼：坎坷一生　大爱无言

1　2004年12月2日，一名来自天津的93岁的老人成功入围“感动中国年度人物评选”，与袁隆平、刘翔等人共同成为20名候选人之一。当他的名字、照片及事迹在央视新闻节目中播出时，全国人民都感到震撼——大家很难将35万元的资助款与新闻中瘫痪在床、面容清瘦的老人联系起来。

2　一位老人、一辆三轮车、35万元捐款、300多名贫困学生……当人们将这些信息一一连线后，展现出来的是老人坎坷、坚持与慈爱的一生。

3　他，就是白方礼。

4　白方礼的助学故事从1987年开始，那时他74岁。有一次，他从天津回河北省沧县老家时，一群正在地里干活儿的孩子引起了他的注意。一问才知道，这些孩子不是不想上学，而是没钱上学——学校收不到学费，也就没钱留住老师，没有老师，学生们跟谁学？“学生上学需要钱，学校要留住老师需要钱，旧校舍改建需要钱……”老人辗转难眠。自己当年就是因为穷才离开家乡，过了几十年，家乡依旧穷困，没有知识怎么行？难道要一辈子过穷日子吗？

5　回到天津后，白方礼把自己攒的5000元养老

生词：

1. 追忆　zhuīyì　V
   to recall; to look back
2. 坎坷　kǎnkě　Adj
   rough; full of frustrations
3. 资助　zīzhù　V
   to subsidize
4. 瘫痪　tānhuàn　V
   to be paralyzed
5. 捐款　juānkuǎn　N
   donation
6. 慈爱　cí'ài　Adj
   affectionate; kind
7. 辗转难眠
   zhǎnzhuǎn nán mián
   to toss and turn in bed; to be sleepless
8. 穷困　qióngkùn　Adj
   poor; poverty-stricken

钱作为助学款捐给了家乡。然后，重操旧业，蹬三轮车拉货赚钱，在74岁时踏上了一段新的征程。

6 那时，白方礼总是一大早就出门拉活儿，晚上11点多才回家，冬天也不例外。儿女们很担心，三番五次地劝父亲安心在家养老，但是他都听不进去。最后，大家没办法了，"只要他自己高兴就干呗，再好的生活，如果他不喜欢，也不会感到舒服"。就这样，靠着老人风里来、雨里去地蹬车，一笔笔款项被捐到天津市中小学幼儿教师奖励基金会、中国青少年发展基金会、天津市河北区少年宫等。

7 2000年，白方礼终于告别三轮车回家养老了。天津市养老院的工作人员将老人接到了院中的高级房间并安排专人照顾，大家都说："您一辈子辛苦，现在这么大年纪，也该我们回报您了，学生们来看您也方便。"但白方礼不想给大家添麻烦，要求回家住。几个月后，在老人一再坚持下，他搬回了小女儿白金凤家。

8 回到家里，每当学生们来看望他的时候，他就教育孩子们要好好学习，因为国家有了人才才能强大。一句句朴实的话，像种子似的种在了孩子们的心里。到现在，许多他曾资助过的学生也像他一样默默地资助着贫困学生。

（课文字数：851字）

本文改编自《城市快报》2005年9月25日文章《追忆白芳礼：坎坷一生　大爱无言》

9. 重操旧业
chóng cāo jiùyè
to return to one's former career

10. 款项 kuǎnxiàng N
fund; sum of money

11. 基金会 jījīnhuì N
foundation

12. 少年宫
shàoniángōng N
Children's Palace, a public facility where children engage in extra-curricular activities

13. 回报 huíbào V
to repay; to pay back

14. 朴实 pǔshí Adj
honest; simple

1 通读课文，回答问题

（1）有关白方礼老人的节目在央视播出时，为什么人们会觉得震撼？

（2）白方礼老人是从什么时候开始资助学生的？他为什么这样做？

（3）一开始，白方礼老人的子女支持他吗？为什么？

（4）白方礼老人为什么离开养老院回家去住？

2 根据上下文猜测加点儿字在句中的意思

（1）大家很难将35万元的资助款与新闻中瘫痪在床、面容清瘦的老人联系起来。（第1段）

（2）“学生上学需要钱，学校要留住老师需要钱，旧校舍改建需要钱……”老人辗转难眠。（第4段）

（3）儿女们很担心，三番五次地劝父亲安心在家养老，但是他都听不进去。（第6段）

（三）实况阅读

影响中国历史的五大古代名人

关于对中国影响最大的五位历史人物究竟都有谁，一直有各种不同的说法，以下是其中一种。

1. 黄帝 Huángdì（生卒年不详）

中国古代部落联盟（bùluò liánméng, tribal alliance）首领。传说他在位期间，大力发展农业生产，开始制衣冠、建舟车、制音律、作《黄帝内经》(中国最早的医学典籍）等。

2. 孔子 Kǒngzǐ（前551—前479）

中国历史上伟大的思想家、政治家、教育家，儒家学派创始人，被后世称为“孔圣人”。其思想对中国和世界都有深远的影响，被列为“世界十大文化名人”之首。

3. 老子 Lǎozǐ（生卒年不详）

中国古代思想家、哲学家、文学家和史学家，道家学派创始人和主要代表人物，“世界百位历史名人”之一。

4. 秦始皇 Qín Shǐhuáng（前259—前210）

中国历史上的第一位皇帝，建立了秦朝，所以称为“秦始皇”。他首次建立了大一统的国家，修建长城，统一了文字、度量衡（dùliànghéng，weights and measures），等等。

5. 汉武帝 Hàn Wǔdì（前 156—前 87）

中国历史上著名的政治家、战略家。他是西汉的第五位皇帝，在位时确立了儒家思想的统治地位，开辟了“丝绸之路”。

根据课文内容，回答问题

① 中国最早的医学典籍相传是由谁创作的？

② 谁被列为“世界十大文化名人”之首？

③ 从文中可以知道老子出生于什么年代吗？

④ 中国历史上的第一位皇帝是谁？他有什么历史贡献？

⑤ “丝绸之路”是哪位皇帝在位时开辟的？

⑥ 你认为以上五位历史人物谁的影响最大？为什么？

第四部分：趣味汉语

熟语

谈谈你对下列熟语的理解

- 先天下之忧而忧，后天下之乐而乐。
- 有志者，事竟成。
- 一分耕耘，一分收获。

第五课　中国高铁

第一部分：知识银行

（一）常用字

1　段　duàn 

形声字，从殳（shū），耑（duān）省声。本义为“锤击”，引申为“部分”。

例：阶段　段落　时间段　年龄段

练习：选择合适的词语填空

A 长沙至怀化段　　B 数字段　　C 号码段

（1）你知道中国移动、中国联通和中国电信的________分别是哪些吗？

（2）IP 地址中各个________是什么意思、各代表什么，如 110.244.14.13，可能大多数人都不知道。

（3）沪昆高铁________都是 2014 年通车的。

2　为　wéi 

会意字，本义为“劳作”，引申为“是”。

（1）目前，中国高铁的最高时速纪录为 605 千米 / 时。

（2）截至 2021 年底，中国高铁运营里程（lǐchéng，mileage）为 4 万千米。

还可以与表程度义的形容词或者副词搭配使用。

例：大为（高兴） 较为（简单） 甚为（便利） 极为（重要）

练习：选择合适的词语填空

A 尤为　　B 实为　　C 更为

（1）他本来就不爱学习，现在迷上了电子游戏，学习态度________消极。

（2）这种植物多生长于南方，在北方________少见。

（3）网购发展迅速，越来越多的人采用这种简捷、便利的购物方式，年轻人对其________喜爱。

（二）常用书面词语

1 相继：副词，意思是“一个跟着一个”。

（1）今年下半年，本市有三条新的地铁线路相继开通。

（2）近期，深圳、上海相继推出了更加严格的购房贷款政策。

思考：“地铁 6 号线、7 号线和 8 号线先后完工”用“相继”如何表达？

2 拉动：本意是“用手拉使人或物移动”，引申为“采取措施使提高、增长或发展”。

（1）政府正在想办法拉动经济增长。

（2）消费对于拉动 GDP 上升有明显的作用。

思考：“发展旅游业有利于当地经济发展”用“拉动”如何表达？

（三）常用格式

1 （在）……之际：结构中的“之”意为“的”，“际”意为“时候”，整个结构的意思就是“在……的时候”。

（在）教师节来临之际，校长祝全校老师节日快乐。

练习：用“（在）……之际”改写下列句子

（1）开学的时候，学校给同学们准备了小礼物。

____

（2）同学们在即将分别的时候，纷纷合影留念。

____

（3）现在公司正是用人的时候，像他这样优秀的人才越多越好。

____

2 以 + NP/Adj + VP：结构中的“以”是介词，意思是“用”“凭借”。

（1）这家饭店以优质的服务赢得了顾客的好评。

（2）高铁以方便、快捷、舒适征服了不少人的心。

练习：根据句义连线

（1）我们队以小组赛第一名的成绩	A 打动了听众
（2）她以真诚的话语	B 进入了总决赛
（3）这些年他一直以好友的身份	C 考入了北京大学
（4）去年哥哥以优异的成绩	D 陪在她的身边

第二部分：技巧训练

技巧（五）：借助虚词理解句子或词语之间的关系

汉语中有一些虚词虽然意义比较抽象，但是可以帮助我们理解句子或词语之间的关系。例如：“为了减少住房支出，有的人会住在离单位很远的地方，每天上下班既要挤地铁，又要坐公交，仅仅在上下班路上就要花费将近 5 个小时。”在这句话中，“为了”引出目的，“既……又……”连接并列关系的分句。

练习：根据加点儿词语，在横线上填写可能出现的词语

（1）夏季要注意防暑降温，可以多吃西瓜、黄瓜以及________等水分多的瓜果蔬菜。

（2）一些国家实行了鼓励生育的政策，可让人意外的是，这些国家的人口出生率不但没有提高，反而出现了________。

（3）旅行时我感冒了，幸好________。

第三部分：阅读实践

（一）精读

1 生词学习

1	看好	kànhǎo	V	认为前景不错。 看好他；看好这家公司；被看好 今天的比赛你更看好哪个队？
2	奇迹	qíjì	N	难以实现的不平凡的事情。 一个奇迹；创造奇迹 在很多人看来，深圳的发展是一个奇迹。
3	频频	pínpín	Adv	多次地、连续不断地（发生、做）。 由于环境遭到破坏，这个地区频频发生自然灾害。
4	刷新	shuāxīn	V	突破以前的（纪录等）。 刷新纪录；不断刷新 他再次刷新了男子100米短跑的世界纪录。
5	引进	yǐnjìn	V	从外地或外国引入（人员、资金、技术、设备等）。 引进人才；引进资金 对先进的技术，我们要积极引进。
6	领先	lǐng//xiān	VC	在某方面居最前列；共同前进过程中走在最前面。 全国领先；世界领先；领先登顶 要想保持领先地位，就必须不断努力。
7	一席之地	yìxízhīdì		指极小的一块地方或一定的位置。 她期待能在国际影坛上占有一席之地。
8	排行	páiháng	V	原指兄弟姐妹依长幼排列次序，现在也泛指排列次序。 排行第几；排行榜 我在家排行老三。 这首歌位列本周流行歌曲排行榜第三名。
9	里程	lǐchéng	N	路程。 总里程；航空里程 中国已成为高速铁路运营里程最长的国家。

10	贯穿	guànchuān	V	穿过，连通。 南北贯穿；贯穿始终 这条高铁贯穿该国南北。 学习外语时，发音练习要贯穿始终。
11	繁华	fánhuá	Adj	繁荣热闹。 繁华的城市；繁华的景象 上海的南京路是一条繁华的商业街。
12	盈利	yínglì	N	经营活动中，扣除成本后获得的利润。 盈利 50 万；盈利模式 去年那家公司的盈利是 90 亿美元。
13	纵贯	zòng guàn		南北贯通。 纵贯南北；纵贯整个街区 中国高铁的“四纵四横”计划，横贯东西，纵贯南北。
14	考验	kǎoyàn	V	通过具体事件、行动或困难来检验（是否坚定、忠诚或正确等）。 经受考验；面临考验 每个人一生中都要经受各种考验。
15	规划	guīhuà	N	较为全面、长远的发展计划。 城市规划；长远规划 政府已经做好了未来 10 年的发展规划。
			V	制订长远计划。 规划未来；规划人生 每个人都需要好好规划自己的人生。
16	隧道	suìdào	N	在山中、地下或海底修建的通道。 挖隧道；海底隧道 这条隧道的开通极大地方便了人们出行。
17	快捷	kuàijié	Adj	（速度）快，（动作）灵活敏捷。 快捷的方式；方便快捷 快递公司的出现使邮寄东西更为方便快捷。
18	征服	zhēngfú	V	（用强力或武力等）使服从、归顺；（用魅力、意志力等）使人信服、折服。 征服大自然；征服对手 他用真诚的爱征服了姑娘的心。

* 本课出现的地名

序号	名称	拼音	英文释义
1	杭州	Hángzhōu	Hangzhou (city)
2	南昌	Nánchāng	Nanchang (city)
3	长沙	Chángshā	Changsha (city)
4	怀化	Huáihuà	Huaihua (city)
5	枣庄	Zǎozhuāng	Zaozhuang (city)
6	蚌埠	Bèngbù	Bengbu (city)
7	北京	Běijīng	Beijing (city)
8	天津	Tiānjīn	Tianjin (city)
9	河北	Héběi	Hebei (province)
10	山东	Shāndōng	Shandong (province)
11	安徽	Ānhuī	Anhui (province)
12	江苏	Jiāngsū	Jiangsu (province)
13	上海	Shànghǎi	Shanghai (city)
14	环渤海经济区	Huánbóhǎi Jīngjìqū	Bohai Economic Rim
15	长三角经济区	Cháng-Sānjiǎo Jīngjìqū	Yangtze River Delta Economic Zone
16	哈尔滨	Hā'ěrbīn	Harbin (city)
17	大连	Dàlián	Dalian (city)
18	黑龙江	Hēilóngjiāng	Heilongjiang (province)
19	吉林	Jílín	Jilin (province)
20	辽宁	Liáoníng	Liaoning (province)
21	石家庄	Shíjiāzhuāng	Shijiazhuang (city)
22	郑州	Zhèngzhōu	Zhengzhou (city)
23	武汉	Wǔhàn	Wuhan (city)
24	广州	Guǎngzhōu	Guangzhou (city)
25	烟墩	Yāndūn	Yandun (wind area)

（续表）

序号	名称	拼音	英文释义
26	百里	Bǎilǐ	Baili (wind area)
27	三十里	Sānshílǐ	Sanshili (wind area)
28	达坂城	Dábǎnchéng	Dabancheng (wind area)
29	塔克拉玛干	Tǎkèlāmǎgān	Taklimakan (desert)
30	古尔班通古特	Gǔ'ěrbāntōnggǔtè	Gurbantunggut (desert)
31	吐鲁番盆地	Tǔlǔfān Péndì	Turpan Depression
32	祁连山	Qílián Shān	Qilian Mountains

3 课文：中国高铁

▶ 第一步：读前思考，读后回答

思考题：

（1）为什么有很多国家看好中国高铁？

（2）京沪高铁有什么特点？

（3）兰新高铁享有几项世界第一？

1 世界上有很多国家都看好中国高铁。这是为什么呢？

2 中国的高铁建设被誉为中国经济发展奇迹，频频刷新世界纪录。从引进技术到领先全球，短短十余年间，高铁不仅获得了国人点赞，也吸引了世界目光。“中国速度”已经在世界市场上占有一席之地。

3 经过多年发展，中国高铁现居全球高铁行驶速度排行之首，并创造了多项“世界之最”。

运营里程最长

4 截至2021年底，中国铁路营业总里程达到15万千米，其中高铁营业里程达到4万千米，占世界高铁总里程的三分之二以上。

运营时速最高——486.1 千米

5 时速 486.1 千米——这是喷气式飞机低速巡航的速度！2010 年 12 月 3 日，在京沪高铁枣庄至蚌埠试验段，CRH380A 新一代高速动车组创造了时速 486.1 千米的世界铁路运营最高速。2014 年，中国南车制造的 CIT500 型高铁的试验速度达到了 605 千米 / 时。

世界等级最高的高铁——京沪高铁

6 2011 年 6 月，京沪高铁建成投产。这是世界上一次建成线路最长、标准最高的高速铁路。贯穿北京、天津、河北、山东、安徽、江苏、上海 7 省市，连接环渤海和长三角两大经济区，全长 1318 千米。

7 作为连接中国最繁华城市的高铁，京沪高铁颇受欢迎。2014 年 7 月 1 日，在开通运营三周年之际，京沪高铁正式对外宣布盈利，全年有望实现利润 12 亿元左右。

世界首条新建高寒高铁——哈大高铁

8 2012 年 12 月 1 日，中国首条也是世界第一条新建高寒地区高速铁路哈尔滨至大连高铁建成通车。哈大高铁营业里程 921 千米，设计时速 350 千米，纵贯黑龙江、吉林、辽宁三省，全线设 23 个车站。根据最近 30 年的气象记录，东北三省全年温差达到 80 ℃，是中国最为寒冷也是温差最大的地区之一。中国高铁在这样冷的地方经受住了考验，赞！

世界单条运营里程最长高铁——京广高铁

9 2012 年 12 月 26 日，全球运营里程最长的高速铁路——京广高铁全线开通运营。全长 2298 千米的京广高铁，是中国《中长期铁路网规划》中“四纵四横”高速铁路的重要“一纵”，北起北京，经石家庄、郑州、武汉、长沙等地，南至广州，全线设计时速 350 千米，初期运营时速 300 千米。有专家分析说，仅京广高铁京郑段 2030 年前对全社会经济的拉动作用就将达到 2758.44 亿元。建一条高铁，拉动一方经济，此言不虚。

世界上一次性建成里程最长的高铁——兰新高铁

10 2014 年 12 月 26 日，兰新高铁全线贯通。全长 1776 千米的兰新高铁是世界上一次性建成通车里程最长的高铁。除此之外，它还享有不少“第一”：一是它途经烟墩、百里、三十里及达坂城四大风区，同时沿线有塔克拉玛干、古尔班通古特等几处沙漠，是首条穿越沙漠大风区的高铁；二是横穿我国海拔最低的吐鲁番盆地和海拔最高的高铁隧道——祁连山高铁隧道，16.3 千米的祁连山隧道中的最高轨面海拔为 3607.4 米，被誉为“世界高铁第一高隧”。

最惊人的高铁运量

11 这几年，高铁以方便、快捷、舒适征服了不少人的心。京津、京沪、武广等线路，节日期间或旅游旺季，高铁票“一票难求”。2021 年，有 19.2 亿人次选择高铁出行，其中最繁忙的是京沪高铁，仅此一条线路就有过亿人次乘坐。

（课文字数：1154 字）

本文改编自《人民日报》微信公众号 2015 年 10 月 20 日文章《中国高铁到底有多牛？全球叹服！》

► 第二步：根据课文内容，判断对错并找出理据（在括号中填“对”“错”或“没提到”）

（1）2021 年底时，中国高铁营业里程占世界高铁总里程的三分之二以上。（　　）

（2）中国高铁运营的最高时速是 605 千米。（　　）

（3）京沪高铁全长 2298 千米。（　　）

（4）哈大高铁年客流量过亿。（　　）

（5）兰新高铁被称为“世界高铁第一高隧”。（　　）

► 第三步：句义理解（结合加点儿词语，判断对下列句子的理解与原文是否一致）

（1）高铁不仅获得了国人点赞，也吸引了世界目光。（第 2 段）

理解：高铁不但受到中国人的欢迎，而且受到了世界的关注。

（一致□　不一致□）

（2）“中国速度”已经在世界市场上占有一席之地。（第 2 段）

理解：中国高铁即将成为世界高铁市场的重要组成部分。

（一致□　不一致□）

（3）并创造了多项“世界之最”。（第 3 段）

理解：中国高铁以后会创造很多“世界之最”。

（一致□　不一致□）

（4）有专家分析说，仅京广高铁京郑段2030年前对全社会经济的拉动作用就将达到2758.44亿元。（第9段）

理解：根据专家分析，京广高铁2030年前对全社会经济的拉动作用会超过2758亿元。

（一致□ 不一致□）

► 第四步：词义理解（根据课文内容，为画线词语选择合适的解释）

（1）短短十余年间，高铁不仅获得了国人<u>点赞</u>，也吸引了世界目光。（第2段）

A 好评　B 评价　C 关注　D 一点儿赞誉

（2）有专家分析说，仅京广高铁京郑段2030年前对全社会经济的<u>拉动</u>作用就将达到2758.44亿元。（第9段）

A 移动　B 鼓励　C 盈利　D 促进

（3）建一条高铁，拉动一方经济，<u>此言不虚</u>。（第9段）

A 没人相信　B 不必当真　C 这话是假的　D 这话是对的

（4）京津、京沪、武广等线路，节日期间或旅游旺季，高铁票“<u>一票难求</u>”。（第11段）

A 一张票都不卖　B 一张票也不买

C 一张票也难买到　D 所有的票都打折

► 第五步：朗读课文

（二）泛读

中国高速铁路发展的历史起点

1 2003年，中国政府做出了加快发展铁路的重要决策，中国铁路进入快速推进现代化的历史阶段。

2 根据《中长期铁路网规划》，中国高速铁路发展以“四纵四横”为重点，构建快速客运网的主要骨架，形成快速、便捷、大能力的铁路客运通道，逐步实现客货分线运输。

3 “四纵”：一是北京—上海高速铁路，全长1318千米，贯通京津和长三角东部沿海经济发达地区；二是北京—武汉—广州—深圳（香港）高速铁路，全长2350千米，连接华北、华中和华南地区；三是北京—沈阳—哈尔滨（大连）高速铁路，全长1612千米，连接关内和东北地区；四是上海—杭州—宁波—福州—深圳高速铁路，全长1650千米，连接长三角、珠三角、东南沿海地区。

4 “四横”：一是青岛—石家庄—太原高速铁路，全长906千米，连接华东和华北地区；二是徐州—郑州—兰州高速铁路，全长1346千米，连接华东和西北地区；三是上海—南京—武汉—重庆—成都高速铁路，全长1922千米，连接华东和西南地区；四是上海—杭州—南昌—长沙—昆明高速铁路，全长2264千米，连接华东、华中和西南地区。

生词：

1. 决策 juécè N/V
   decision; to make a strategic decision
2. 骨架 gǔjià N
   framework; skeleton
3. 通道 tōngdào N
   thoroughfare; passageway
4. 运输 yùnshū V
   to transport
5. 关内 Guānnèi N
   areas west of the Shanhai Pass of the Great Wall

经过紧张有序的前期准备工作，一大批高速铁路开工建设。

6. 有序 yǒuxù Adj orderly

中国铁路跨入"高速"时代

5 2006年11月10—16日，中国铁路第六次大提速进行综合牵引试验。

7. 牵引试验 qiānyǐn shìyàn traction test

6 2007年4月18日，第六次大提速正式实施，在京哈、京沪、京广、陇海、沪昆、胶济、广深等既有繁忙干线大量开行具有自主知识产权的时速200千米至250千米的"和谐号"高速动车组列车。这标志着中国铁路进入高速时代。

8. 自主知识产权 zìzhǔ zhīshi chǎnquán independent intellectual property

9. 标志 biāozhì V to signify; to mark

7 在对既有铁路干线实施提速的同时，新高速铁路的建设也在如火如荼地进行。经过紧张的施工建设，从2008年开始，一大批新建的高速铁路陆续投入运营。

10. 如火如荼 rúhuǒ-rútú like a raging fire

中国高铁建设的新时期

8 2022年，中国高铁运营里程已突破4万千米，占全世界高铁运营里程的70%以上，已连接中国全部省会城市及50万人口以上城市，覆盖约全国人口的93%。"四纵四横"高铁网已全面建成，"八纵八横"高铁网正加密形成，这有力地支撑了中国社会经济的高速发展。中国高铁建设以更高效、更便捷、更智能为目标，不断突破。

11. 省会 shěnghuì N provincial capital

（课文字数：809字）

1 根据内容，为课文添加一个合适的标题

2 根据课文内容连线

（1）2003 年　　A “四纵四横”高速铁路网全面建成

（2）2007 年　　B 中国政府做出加快发展铁路的决策

（3）2022 年　　C 第六次铁路大提速正式实施

3 根据课文内容，选择正确答案

（1）“根据《中长期铁路网规划》，中国高速铁路发展以‘四纵四横’为重点”，这里的“四纵四横”指的是：（第 2 段）

A 发展高铁的意义　　B 具体的工作方法

C 高铁的规划线路　　D 将要面临的困难

（2）中国铁路是从什么时候开始进入高速时代的？（第 6 段）

A 2003 年　　B 2006 年　　C 2007 年　　D 2008 年

（三）实况阅读

铁路旅客乘车须知

1. 车票有效期

• 请按票面标明的日期、车次，凭票乘车，并在规定时间内到站。

• 直达票中途下车，未乘区间失效。

• 通票（需中转换乘的车票）中途换乘需中转签证。

2. 免费携带品

• 成人 20 千克、儿童 10 千克，以及长、宽、高之和不超过 160 厘米（动车组列车不超过 130 厘米）的物品，超过规定需办理托运。

• 禁止携带危险品及违章物品进站、乘车。

3. 提前进站

车站一般在开车前 5 分钟停止检票。进站安检、检票排队人数较多，请提前至指定场所候车，以免耽误行程。

4. 实名验证

实名制车票须凭乘车人有效身份证原件，票、证、人一致方可进站、乘车、退票、换票及中转签证。

* 未尽事项请参阅《铁路旅客运输规程》。如有变化以车站公告为准，敬请关注。旅程中请关注有关安全提示。如有疑问，请拨打 12306 客服电话咨询。

（1）根据课文内容，判断对错（以下行为若符合规定或合理，请在括号内画“√”；若不符合规定或不合理，请在括号内画“×”并说明原因）

① 张女士购买了北京到深圳的通票，先乘车从北京到广州，在广州办理中转签证后再乘车从广州到深圳。（ ）	② 田先生购买了 1 月 15 日西安到成都的高铁票，但由于工作安排发生变化，他拿着这张票去乘坐 1 月 14 日的同一车次的高铁。（ ）
③ 李女士和 10 岁的儿子打算从上海坐高铁去广州，她和儿子各随身携带一个行李箱，两个箱子的重量都是 20 千克，长、宽、高的和都是 150 厘米。（ ）	④ 春节前，王先生的朋友送了他一箱白酒，王先生想乘火车把白酒带回老家。他不确定这样做是否会违反安全规定，所以他拨打 12306 客服电话咨询。（ ）

（2）根据课文内容，回答问题

① 于女士要去上海出差，她购买了北京到上海的高铁票。中途她在南京下车，到南京分公司办了点儿事。办完事后她可否使用之前的车票乘坐当天其他车次的高铁去上海？

② 钱先生给父亲买了一根高档鱼竿，他想乘火车把鱼竿带回老家。这个鱼竿包装的长度是 150 厘米，宽和高分别是 20 厘米。钱先生乘火车时是否可以随身携带这根鱼竿？

③ 马先生购买了 6 月 7 日北京到上海的高铁票。6 月 6 日早上他接到通知，由于公司临时有事需要他 6 日就到上海。为了按时到达上海，并且不会造成浪费，他可能需要办理哪些手续？

第四部分：趣味汉语

熟语

谈谈你对下列熟语的理解

- 要想富，先修路。
- 读万卷书，行万里路。
- 千里之行，始于足下。

阶段测试（一）

第一部分

第 1 ～ 10 题：根据内容选择正确答案（单选）

1. 随着中国国民收入的不断提升，中国市场将进入精品消费时代，服装消费将不再仅仅为了满足人们最基本的生存需求，而向更高的心理需求、自我满足需求跃进。特别是几千万人口跨入中产阶级后，其对体现自身社会地位和品位的服饰的需求将越来越强烈，这将成就一批抓住了该阶层需求的服装品牌。

   A 中国国民收入增长速度不快

   B 中国市场已经进入了精品消费时代

   C 抓住中产阶级消费需求的服装品牌将会获得成功

   D 中国服装市场消费主要是为了满足人的基本生存需求

2. 全球手机市场格局将迎来巨变，2021 年全球手机出货数量虽仍呈上升趋势，但整体形势趋缓。中国在移动互联网跳跃式前进的大背景下，2021 年智能手机出货量达到 3.51 亿台，约占全球市场的 26%。

   A 中国智能手机市场反应一般

   B 中国移动互联网发展变得缓慢

   C 2021 年，全球手机出货速度放缓

   D 2021 年，全球手机出货量仍在增长

3. 现在有很多高中生选择出国留学，留学以前被认为是退路，现在却是出路。过去大多是成绩不好的学生被动留学，如今却是成绩优异的学生主动留学，因此留学计划被提前到了高中甚至是初中。

   A 高中生被动出国留学

   B 很多高中生认为出国是退路

   C 成绩不好的学生主动出国留学

   D 现在甚至初中生也有选择出国留学的

4. 人类需要仰望星空，因为没有星空的照耀，我们的路不会有方向。但是，在仰望星空的时候，也不能忘了脚踏实地，从眼前、从实际出发，认真地做点儿事出来。你所获得成就的荣誉与光环更能够折射出星空的璀璨。

A 人们应该脚踏实地

B 人们应该每天看看星星

C 人们应该注意路上的安全

D 仰望星空能让人获得荣誉

5. 站立是人最基本的姿势，是一种静态的美。站立时，身体应与地面垂直，重心放在两个前脚掌上，双肩放松，双臂自然下垂或在体前交叉，眼睛平视，面带笑容。不要下意识地做小动作，那样不但显得拘谨，给人缺乏自信之感，而且也有失仪态的庄重。

A 站立时不宜说话

B 站立时应面带笑容

C 站立时可以左顾右盼

D 站立时应保持高度紧张

6. 说到健康食品，大家通常都会想到蔬菜、水果，而把肉类看作健康的敌人。其实，肉类对人体健康有很重要的作用。至今，很多国家并没有规定什么才是健康食品，而市场上所谓的健康食品其实也没有统一的标准。

A 饮食要多样化

B 肉类不利于身体健康

C 平时要多吃水果、蔬菜

D 健康食品没有固定标准

7. 很多人觉得艺术生学习很轻松，考大学录取分数线又低。但其实，艺术生并不比文化生轻松。他们不仅要学习专业课，还要兼顾文化课。即使专业课成绩非常好，文化课跟不上也很难考上理想的大学。

A 艺术生学习压力较大

B 艺术生考大学很容易

C 文化生比艺术生辛苦

D 艺术生只需专业课好

8. 随着科学技术的发展，距离对人与人之间交流的影响越来越小了，地球变得像一个村落，只要打个电话或者发个电子邮件，就能联系到千里之外的人。

A 距离不影响人们之间的交流

B 科技的发展减少了人们的交流

C 人们只能通过打电话相互联系

D 科技的发展缩短了人们之间的距离

9. 醋不但可以用来做菜，还有很多其他的功能。日常生活中喝点儿醋可以缓解疲劳，让营养变得更容易吸收；醋还可以治疗失眠，失眠者睡觉前喝点儿加醋的水，有利于入睡。

A 醋容易使人疲劳

B 醋只能用来做菜

C 醋也是一种饮料

D 睡前喝醋有助于睡眠

10. 感谢支持你的人，也要感谢反对你的人。因为支持的声音能让我们获得前进的信心，而反对的声音可以让我们更清楚地认识到自己的缺点，找到努力的方向。

A 远离反对者

B 看问题要一分为二

C 支持者会让我们变得骄傲

D 反对者夸大了我们的缺点

第二部分

第 11 ～ 20 题：根据上下文选择最合适的句子填空

11. 我是一个幽默、宽容的人，我不喜欢看见别人满腔怒火的样子，我认为微笑是全天下最美的一道风景。所以，我每天总是笑着去面对他人。“比大地宽阔的是海洋，比海洋宽阔的是天空，____________________。”宽容能使狭隘的胸怀容纳百川，所以对于别人的过失，我总是一笑了之。

A 比天空宽阔的是人的宽容

B 比天空宽阔的是人的心灵

C 比天空宽阔的是浩瀚的宇宙

D 比天空宽阔的是浩瀚的太空

12. 一位思想家、教育家说过这样一句话："很难说莎士比亚和牛顿谁需要的想象力更多一点儿。"这就是说，文学和科学绝不是没有联系的，莎士比亚塑造人物形象固然需要想象力，__________________。

A 也需要从实际出发

B 但是牛顿说想象很难

C 牛顿进行科学研究更注重实际

D 牛顿进行科学研究也不能没有想象力

13. 北京奥运会的圣火跨越了千山万水，传遍了五洲四海。无论哪个民族、哪种文化、哪种信仰的人们，都会从奥运圣火的传递中，感受到它彰显的进取精神，领悟到它承载的友谊信息，体会到它倡导的和平宗旨。圣火的传递，____________________。

A 表现了北京奥运会的特色

B 把世界人民汇聚到五环旗下

C 展现了不同民族的文化差异

D 弘扬了进取、友谊与和平的奥运理念

14. 今年6月，__________________，这里的机场也正式通航。如今，选乘心仪的交通工具出行，对我来说已不再是梦。相信随着城市的建设与交通的发展，这里的未来一定会更加美好。

A 铁路尚未完工

B 继铁路通车之后

C 机场即将投入使用

D 这里动工修建机场

15. 在人类文明的历史上，文明冲突的现象一直存在。但另一方面，__________________，甚至可以说，冲突具有短暂性，而融合具有留存性和长远性。在许多情况下，冲突本身也成为融合的工具。

A 文明更是融合的

B 历史更是融合的

C 冲突也是长远的

D 历史具有留存性

16. 眼睛是人和动物的重要感觉器官。眼睛从外界获得的信息，________________，而且有些是其他感觉器官所不能获得的。

A 不如其他感觉器官

B 比动物眼睛获得的重要

C 与动物眼睛获得的不同

D 比其他器官获得的多得多

17. 雁阵之美，在于它能给现实生活提供哲思。有研究表明，雁阵飞行的速度比单雁快 22%，因为在雁阵中飞行的雁的两翼可形成一个相对真空的状态；头雁没有“真空”环境，无法讨巧，但却是不停轮换的。________________，这确实值得作为思想群体的人类深思。

A 雁阵如此美丽

B 大雁飞行速度很快

C 人类应如何与大雁相处

D 雁阵成员飞行中配合得如此自觉、完美

18. 命运，其实是公平的，它遵循一条鲜为人知的补偿原则，它青睐不断拼搏的强者，________________，但收获也最多。

A 弱者不需要拼搏

B 强者需要不断拼搏

C 弱者在生活中失去太多

D 强者虽然在生活中付出很多

19. 某一地区特定时间内游客数量超过其接待能力，是造成该地区旅游业种种问题的重要原因。接待能力若不提高，再美的湖光山色也会黯淡无光，________________，再好的微笑服务也会丧失魅力。

A 再多的游客数量也会逐渐减少

B 再好的旅游业也无法持续发展

C 再多的人文景观也会失去风采

D 再多的旅游业问题也会得到解决

20. 俗语说："生活中不是缺少美，而是缺少发现美的眼睛。"美是到处都有的。对于我们的眼睛来说，不是缺少美，＿＿＿＿＿＿＿＿。

A 就是缺少发现

B 而是缺少发现

C 但是要去发现

D 而是要去发现美的眼睛

第三部分

第 21 ～ 34 题：根据短文内容，选择正确答案

21 ～ 23

现在有越来越多的人参加体育健身，年轻人的主要方式是去健身房或者进行户外旅行，而广场舞是目前最流行的老年人的健身方式。北京乃至全国各大中小城市，甚至农村，都有广场舞的身影。与其他健身方式相比，广场舞的好处很多，简单易学，是大妈们的最爱。不像去健身房还要付钱，跳广场舞是免费的，很符合老年人的心理。跳广场舞一般在晚上，是上班族下班的时间，老人们可以从家务中解脱出来，去和老年朋友们热闹热闹。

不过，与此同时，广场舞的音乐似乎也给附近的居民带来了一些困扰，如影响阅读与休息。尤其是高考的时候，很多家长特别反感，吵闹的音乐影响了孩子们的复习。

21. 最受老年人欢迎的健身方式是：

A 爬山　　B 跳广场舞

C 骑自行车　　D 去健身房运动

22. 广场舞流行的最主要原因是：

A 免费　　B 简单易学

C 时间合适　　D 跳舞的地方多

23. 短文对广场舞的态度是：

A 广场舞种类过多，非常复杂

B 广场舞非常好，大家都应该跳

C 广场舞特别扰民，应该全面禁止

D 广场舞很好，但是要注意不能扰民

24 ～ 28

社会发展迅速，不少人却喜欢待在家里，满足于不与外界接触的生活，是谓“宅男”或“宅女”。互联网的快速发展，让“宅生活”似乎变得“可持续”。不必出门，就能知晓天下事；不用逛街，就能买到心仪商品；不必舟车劳顿，就能和远方的亲友畅叙如晤。尤其是在出门就意味着忍受拥挤的交通、浑浊的空气，而人际交往又变得程式化和淡漠时，“宅”在网上听上去倒也“时髦”。

然而，面对网络信息的海洋，人们的视野并没有变得像想象中那么宽。很多人只浏览相对固定的几个网站，只关注自己愿意关注的人，只订阅自己感兴趣的信息，只相信自己愿意相信的事实。一些手机应用也在迎合这种趋势，有的甚至能够自动收集用户信息，根据用户的浏览记录推荐相关内容。人们越来越被自己的习惯所束缚，被固有的知识所限制。有人将这种现象称为互联网带来的自我“极化”，即把人囚禁在固有的习惯里，剥夺了人本来应该具有的可能性和多样性，最终形成了思想上的“宅”。

每个人其实都有交往的需要，我们不能让“宅”压抑了这种需要。同时，也只有进入广阔的现实公共空间，热情而真诚地关爱他人、关心社会，这个世界才会变得更好，每个人的人格才能更加健全，社会才能产生更多的凝聚力和共同体意识。

24.“宅生活”的表现不包括：

A 去超市购物

B 不出门，就能知晓天下事

C 不逛街，就能买到心仪商品

D 在家就能和远方的亲友聊天儿

25.“宅生活”带来的影响是：

A 空气变得浑浊

B 忍受拥挤的交通

C 人与人之间不交往

D 不与外界直接接触

26. 关于“宅生活”，下列说法错误的是：

A“宅生活”拓宽了人们的视野

B“宅生活”不利于人们的现实交往

C“宅生活”得益于互联网的迅速发展

D“宅生活”不仅指身体上的“宅”，还包括思想上的“宅”

27. 关于本文内容，概括不准确的一项是：

A“宅生活”的方便之处

B 进入现实公共空间的重要性

C“宅生活”不利于身体和思想健康

D 呼吁“宅男”“宅女”走进公共空间

28. 文章对“宅生活”的态度是：

A“宅生活”一无是处

B“宅生活”利大于弊

C“宅生活”影响社会的发展进程

D“宅生活”虽有便利之处，却压抑了人们之间的现实交往

29 ～ 34

有声阅读即“听书”，受到越来越多人的欢迎，使用手机 APP 收听图书相关内容成为阅读新的增长点。

中国新闻出版研究院所做的国民阅读调查显示，2017 年我国国民数字化阅读方式的接触率为 73.0%，较 2016 年的 68.2% 上升了 4.8 个百分点。同时，有超过半数成年国民倾向于数字化阅读方式。

如果说听书还只是一种前沿或者说时尚的阅读方式，数字化阅读则几乎已经可以被称为这个时代的一种主流生活方式。君不见，早班地铁里，人手一部手机的“低头族”比比皆是，很多人手拿一张报纸的场景已一去不返。当然，看手机是否就等同于阅读，还需要打个问号。某种意义上，包含在这种场景中的数字化阅读，正不知不觉中影响着人们的阅读习惯。

仔细想想，无论何种阅读方式，你现在是否还能沉下心来读完一本书，还是隔几分钟就要拿起手机刷刷微博、看看朋友圈？当以秒计算的短视频日渐流行，无数转瞬即逝的兴趣点如走马灯般轮转。脑海中的印象就像海浪一遍遍冲刷着沙滩，最终却难留痕迹。“碎片化阅读”带来的“阅读碎片化”，使浅阅读、快阅读大行其道，而深阅

读似乎已成为生活中的一种奢侈品。数字化阅读带来的双刃剑效应，需要更多维度、更深层面的观察。

科技演进到今天，阅读方式的变迁早已超越人们以往的想象边界，但是阅读的真正内涵与价值，其实并没有发生多少改变。读书使人进步，科技改变世界，而归根结底，如何让科技的进步服务于人的发展，读书这件事本身，已经提出了一个值得思考的问题。

29.“听书”的含义是：

A 听故事　　B 听小说

D 有声阅读　　C 一种可以用来听的书

30.“听书”的载体是：

A 书本　　B 杂志

C 报纸　　D 手机 APP

31. 据调查，2017 年我国国民数字化阅读方式的情况是：

A 接触率为 68.2%

B 深受成年国民欢迎

C 接触率较 2016 年有所下降

D 有超过半数未成年国民倾向于数字化阅读方式

32. 数字化阅读的具体表现不包括：

A 看手机　　B 刷微博

C 看报纸　　D 看朋友圈

33. 不属于文章对“数字化阅读”的观点的是：

A 是一种深阅读

B 是一种快阅读

C 具有双刃剑效应

D 是这个时代的一种主流生活方式

34. 随着阅读方式的不断变迁，阅读的真正内涵与价值：

A 彻底改变　　B 变化很大

C 变化不大　　D 一点儿没变

第六课　小康社会与中国梦

第一部分：知识银行

（一）常用字

1　加　jiā 

会意字，从力，从口，本义为“夸大”，后引申为“增加、添加”。现代汉语常用义为“合在一起”“增加、添加”等。

（1）一加一等于二。

（2）这个小组再加一个人。

（3）吃饺子加点儿醋更好。

“加”常用在单音节形容词前，表示程度比原来更高了。例如：加大、加强、加快、加深、加紧等等。

练习：选择合适的词语填空

A 加快　B 加深　C 加强

（1）我最近胖了一些，得________锻炼了。

（2）他________步子，走到了最前面。

（3）国与国之间要________理解，友好合作。

2 期 qī 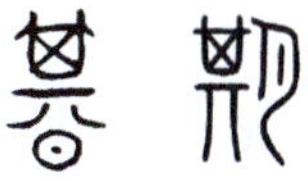

形声字，字形有从日其声、从月其声两种。日、月都跟时间有关，“期”的本义为“约会、约定”。现代汉语常用义多与时间相关，如期限、日期、时期、期间等；还常用作词缀，表示某个日期、时期，如婚期、暑期、早期、中期、后期、前期、初期、末期等。

思考：“张经理是 2020 年进入我们公司工作的，与他同期入职的还有我的学弟”中的“同期”是什么意思？

（二）常用书面词语

1 **更加：**表示程度加深或数量增加。

随着电子商务的发展，跨境贸易和投资变得更加便捷、高效。

思考：下列句子中“更”和“更加”的运用有什么特点？

（1）我们的发展目标是更快、更高、更强。

（2）全面建设惠及十几亿人口的更高水平的小康社会，使经济更加发展、民主更加健全、科教更加进步、文化更加繁荣、社会更加和谐、人民生活更加殷实。

2 **届时：**意思是“到时候”，指还没有发生的某项活动或事件，一般用于预见性地说到某个时间或日期会怎么样。

（1）沪杭高铁预计在国庆节前开通运营，届时从上海到杭州将由现在的 70 分钟缩短至 38 分钟。

（2）校园歌手大赛将于本周五晚 8 点在校体育馆举行，届时将全程线上直播，欢迎观看。

思考：下列句子中的“届时”具体是指什么时候？

（1）新产品将于一个月后与大家见面，届时会带给大家更多惊喜，敬请期待。

（2）我校首届“世界文化节”活动将于本月 16 日举行，届时东门将关闭，请从南门进出。

（三）常用格式

1 在……基础上：“基础”指“事物发展的根本或起点”，“在……基础上”指“以……为根本或起点”。

（1）他每次都在完成规定训练内容的基础上，再自己加练一两个小时。

（2）在去年各项活动的基础上，今年的“女生节”又增加了短视频大赛。

练习：用“在……基础上”改写下列句子

（1）要熟练运用词语，需要先理解。

______

（2）我们公司去年的盈利是5000万，今年的目标是再增长10%。

______

2 在……的前提下，……：“前提”表示事物的先决因素、先决条件，“在……的前提下”意思是“在……的条件下”。

（1）我们要在相互尊重的前提下进行合作。

______

（2）即使是在确保安全的前提下，自行车也不能上高速公路。

______

练习：用“在……的前提下，……”改写下列句子

（1）人们除了衣食无忧，还有更高的生活追求。

______

（2）我们在保证质量的基础上，尽量降低成本。

______

第二部分：技巧训练

技巧（六）：分词断句的技巧

中文书写时字字相连，词与词之间无间隔，分词断句能力是中文阅读的一项重要技能。有时，一个汉字本身就是一个词，但也可以与其前边或后边相连的字构成一个词。如果分词出现

偏差，就会影响句义的理解。能否正确地分词断句，跟读者的词汇量和语言知识有很大关系。例如："白天鹅在水里游泳。"这个句子中的"白天"是一个词，意思是"daytime"；"鹅"是一个词，意思是"goose"；"白天鹅"也是一个词，意思是"white swan"。如果在"白天"后断句的话，意思是"鹅白天的时候在水里游泳"；如果在"白天鹅"后断句，意思是"白色的天鹅在水里游泳"。这样的句子是歧义句。到底是"鹅白天的时候在水里游泳"，还是"白色的天鹅在水里游泳"呢？不同的切分会导致对句义的不同理解。

练习：切分下列句子并说明歧义点

（1）三个分公司的总经理参加了这次会议。

（2）湖北和湖南的部分地区遭受了水灾。

（3）我要煎鸡蛋。

（4）孩子找不到爸爸妈妈很着急。

第三部分：阅读实践

（一）精读

1 生词学习

1	小康	xiǎokāng	Adj	指家庭经济状况可以维持中等生活水平。 小康生活；小康之家 经过几年的努力，我们过上了小康生活。
2	蓝图	lántú	N	建设、发展规划。 发展蓝图；宏伟蓝图 政府提出了二十年内国家发展的新蓝图。
3	构想	gòuxiǎng	N	对未来发展形成的想法。 提出构想；伟大的构想 对于公司的发展构想，他们看法不同。
			V	构思。 构想未来；构想计划 学校正在构想未来五年的工作计划。
4	温饱	wēnbǎo	N	能吃饱、穿暖的生活。 满足温饱；温饱问题 解决老百姓的温饱问题是政府最重要的工作。

5	战略	zhànlüè	N	指导全局的计划和策略。 发展战略；制定战略 公司制定了新的发展战略。
6	翻一番	fān yì fān		数量加了一倍。 我们学院的留学生数量最近两年翻了一番。
7	基数	jīshù	N	作为计算标准或起点的数目。 人口基数；基数大 中国的人口特点之一是人口基数大。
8	雄心壮志	xióngxīn-zhuàngzhì		远大的理想和抱负。 他没有什么雄心壮志，只想过平凡的生活。
9	里程碑	lǐchéngbēi	N	本义是设在道路旁边用于记录里数的标志，一般是一块石碑；比喻在历史发展过程中可以作为标志的大事。 一座里程碑；重要的里程碑 北京成功举办了2008年夏季奥运会，这是中国体育史上的一个里程碑。
10	惠及	huìjí	V	把好处给予某个对象。 惠及人类；惠及子孙 发展经济是惠及百姓的好事。
11	健全	jiànquán	Adj	强健而没有缺陷；（事物）完善，没有欠缺。 健全的人格；设施健全 我们公司的制度还不够健全。
			V	使完备。 健全法制；健全组织 社会发展需要不断健全法制。
12	和谐	héxié	Adj	和睦协调。 和谐社会；和谐的气氛 他的家庭美满和谐。
13	殷实	yīnshí	Adj	富裕。 家境殷实；殷实的生活 他的男朋友家境殷实，生活上什么都不缺。
14	生态	shēngtài	N	指生物在一定的自然环境下生存和发展的状态，也指生物的生理特性和生活习性。 生态平衡；保护生态 人们期待着水更清、天更蓝，生态环境进一步改善。

15	主旨	zhǔzhǐ	N	主要的意义、用意或目的。 文章的主旨；主旨发言 他在大会上发言的主旨是爱与和平。
16	中叶	zhōngyè	N	（一个世纪或一个朝代）中间的一段时期。 明朝中叶；二十世纪中叶 郑板桥是清代中叶著名的书画家。
17	复兴	fùxīng	V	衰落后重新兴盛起来。 伟大复兴；民族复兴 欧洲文艺复兴时期，文化上取得了空前的成就。
18	庄严	zhuāngyán	Adj	庄重而严肃。 庄严的时刻；气氛庄严 学校开学之初会举行庄严的升国旗仪式。
19	宣告	xuāngào	V	宣布。 宣告成立；庄严宣告 1949 年 10 月 1 日，毛泽东主席向全世界庄严宣告，中华人民共和国成立了。
20	迈进	màijìn	V	大踏步地前进。 向前迈进；迈进新世纪 我会努力奋斗，向理想一步步迈进。

2 热身练习

（1）快速找出本课生词

① 1978 年的中国还是个温饱不足的低收入国家。

② 他在规划中国经济社会发展蓝图时提出了一个构想。

③ 邓小平提出了“三步走”的发展战略。

④ 以 1980 年为基数，当时的国民生产总值（GNP）人均只有 250 美元。

⑤ 全面建设惠及十几亿人口的更高水平的小康社会。

（2）选择合适的词语填空

A 殷实　　B 里程碑　　C 和谐　　D 主旨

① 这是中华民族发展史上一个新的________。

② 全面建设惠及十几亿人口的更高水平的小康社会，使人民生活更加________。

③ 2013 年 4 月 7 日，习近平主席在（海南）博鳌（Bó'áo）亚洲论坛 2013 年年会上发表________演讲。

④到本世纪中叶建成富强、民主、文明、________的社会主义现代化国家。

3 课文：从“小康社会”到“中国梦”

► 第一步：读前思考，读后回答

思考题：

（1）“小康社会”是由谁在什么时候提出来的？

（2）邓小平的“三步走”发展战略包括什么内容？

（3）“中国梦”的内容是什么？

一、____________

1 “小康社会”是邓小平20世纪70年代末80年代初在规划中国经济社会发展蓝图时提出的一个构想。1978年的中国还是个温饱不足的低收入国家，如何达到“小康社会”？邓小平提出了“三步走”的发展战略：第一步，到80年代末实现人均国民生产总值翻一番，即以1980年为基数（当时的国民生产总值人均只有250美元）翻一番，达到500美元。第二步，到20世纪末再翻一番，人均达到1000美元。实现这个目标意味着中国进入了小康社会，把贫困的中国变成小康的中国。届时国民生产总值将超过1万亿美元，虽然人均数还很低，但是国家的力量有很大增强。更重要的是第三步，到21世纪用30年到50年再翻两番，大体上达到人均4000美元。“做到这一步，中国就达到中等发达的水平。这是我们的雄心壮志。目标不高，但做起来可不容易。”

二、____________

2 2000年10月，中国共产党在十五届五中全会上宣布“从新世纪开始，我国进入全面建设小康社会、加快推进社会主义现代化的新的发展阶段”，并指出“这是中华民族发展史上一个新的里程碑”。2002年11月，中共十六大根据十五大提出的“新三步走”战略，确定在21世纪头20年“全面建设惠及十几亿人口的更高水平的小康社会，使经济更加发展、民主更加健全、科教更加进步、文化更加繁荣、社会更加和谐、人民生活更加殷实”。

3 除此之外，中共十六大还对这个更高水平的“小康社会”提出了政治、文化和生态环境等全方位的奋斗目标。在十六大提出2020年实现比2000年GDP总量翻两番的基础上，中共十七大（2007年10月）进一步提出了同期实现人均GDP翻两番的新目标。

三、____________

4 2013年4月7日，习近平主席在（海南）博鳌亚洲论坛2013年年会发表主旨演讲时指出：“我们的奋斗目标是，到2020年国内生产总值和城乡居民人均收入在2010年的基础上翻一番，全面建成小康社会；到本世纪中叶建成富强、民主、文明、和谐的社会主义现代化国家，实现中华民族伟大复兴的中国梦。”

5 2021年7月1日，习近平总书记在庆祝中国共产党成立100周年大会上庄严宣告：“我们实现了第一个百年奋斗目标，在中华大地上全面建成了小康社会。”

6 现在中国人民正向着第二个百年奋斗目标迈进，为实现中国梦而不懈努力，也期盼与各国人民一道为促进世界和平、文明互鉴做出中国贡献。

（课文字数：878字）

本文改编自国史网2015年12月29日文章《从“小康社会”到“中国梦”》，作者李文

▶ 第二步：细读课文，回答问题

（1）根据课文内容，判断对错并找出理据（在括号中填“对”“错”或“没提到”）

①“三步走”的目标不高，实现起来很容易。（　　）

②根据邓小平“三步走”的战略，到20世纪末，人均国民生产总值将达到500美元。（　　）

③2002年，中共十六大提出“新三步走”战略。（　　）

④2020年实现比2000年人均GDP翻两番的目标是中共十六大提出的。（　　）

⑤2021年中国全面建成了小康社会。（　　）

（2）根据课文内容，为每个部分选择合适的小标题填入画线处，再简单说说每个部分的具体内容

A 小康社会的建成与中国梦

B 全面建设小康社会

C 从温饱到总体小康

（3）根据课文内容，说说文中画线词语具体指的是什么时间

① 届时（第 1 段）：________________

② 同期（第 3 段）：________________

③ 本世纪中叶（第 4 段）：________________

▶ 第三步：句义理解

（1）“中国还是个温饱不足的低收入国家”指的是哪一年？ （第 1 段）

A 1978 年　B 1988 年　C 1998 年　D 2008 年

（2）1980 年，中国人均国民生产总值是多少？ （第 1 段）

A 250 元人民币　B 500 元人民币　C 500 美元　D 250 美元

（3）根据课文的计算方式，7100 亿翻两番，结果是多少？ （第 1 段）

A 14 200 亿　B 7100 亿　C 28 400 亿　D 21 300 亿

（4）全面建成小康社会的时间是： （第 4 段）

A 2000 年　B 2010 年　C 2021 年　D 2050 年

（5）中国预计什么时候建成富强、民主、文明、和谐的社会主义现代化国家？ （第 4 段）

A 2000 年　B 2013 年　C 2020 年　D 2050 年

▶ 第四步：词义理解

（1）根据课文内容，选择画线词语的意思

①“小康社会”是邓小平 20 世纪 70 年代末 80 年代初在规划中国经济社会发展<u>蓝图</u>时提出的一个构想。 （第 1 段）

A 计划　B 规定　C 方向　D 梦想

② 1978 年的中国还是个<u>温饱不足</u>的低收入国家，如何达到“小康社会”？ （第 1 段）

A 贫穷　B 消极　C 弱小　D 落后

③ 更重要的是第三步，到 21 世纪用 30 年到 50 年再翻两番，<u>大体上</u>达到人均 4000 美元。 （第 1 段）

A 全部　B 少量　C 可能　D 基本上

④ 这是中华民族发展史上一个新的<u>里程碑</u>。 （第 2 段）

A 重要原因　B 重要方式　C 重要标志　D 重要途径

⑤ 中共十六大还对这个更高水平的“小康社会”提出了政治、文化和生态环境等全方位的奋斗目标。（第 3 段）

A 健全 B 完全 C 全体 D 全面

（2）根据课文内容，为下列词语寻找搭配并连线，再举例说说它们的具体含义

① 民主	A 繁荣
② 科教	B 健全
③ 文化	C 进步
④ 社会	D 殷实
⑤ 生活	E 和谐

（3）根据课文内容，分词断句

① 加快推进社会主义现代化的新的发展阶段。（第 2 段）

② 这是中华民族发展史上一个新的里程碑。（第 2 段）

③ 除此之外，中共十六大还对这个更高水平的“小康社会”提出了政治、文化和生态环境等全方位的奋斗目标。（第 3 段）

▶ 第五步：朗读课文

（二）泛读

全面建成小康社会

1 2012 年 11 月，中共十八大提出了“全面建成小康社会”的总蓝图。具体来说，衡量“小康不小康”，主要看六大要求：

2 一、转变经济发展方式取得重大进展；

3 二、实现两个“倍增”，即国内生产总值和城乡居民人均收入比 2010 年翻一番；

4 三、科技进步对经济增长的贡献率大幅上升，进入创新型国家行列；

生词：

1. 衡量 héngliáng V
   to weigh; to measure; to judge
2. 进展 jìnzhǎn V
   to make progress
3. 行列 hángliè N
   list; group

5　四、工业化、信息化、城镇化、农业现代化（即“四化”）同步发展；

6　五、区域协调发展机制基本形成；

7　六、对外开放水平进一步提高，国际竞争力明显增强。

8　是不是达到这六大要求，就是全面小康了呢？还需要注意到，这六大要求是在“五位一体”总体布局下的具体要求。所谓“五位一体”，就是把经济、政治、文化、社会和生态文明建设相互融合在一起，更加注重发展的均衡、可持续和以人为本，强调创造良好的生产生活环境，努力建设“美丽中国”。这是在着力解决现代化进程中人与自然的关系问题，使中国走上永续发展道路。因此，只有在确保“五位一体”的前提下实现六大要求，才是衡量是否实现了“小康”的准绳。

9　2013年12月23日，习近平总书记在中央农村工作会议上讲话强调“小康不小康，关键看老乡”。农村还是全面建成小康社会的短板。中国要强，农业必须强；中国要美，农村必须美；中国要富，农民必须富。

10　2015年，中共十八届五中全会通过《中共中央关于制定国民经济和社会发展第十三个五年规划的建议》，对全面建成小康社会提出了新的目标要求，把农村贫困人口脱贫作为全面建成小康社会的基本标志。习近平总书记阐述了新发展理念，强调坚持创新发展、协调发展、绿色发展、开放发展、共享发展，是关系中国发展全局的一场深

4. 城镇　chéngzhèn　N
urban area

5. 区域　qūyù　N
region

6. 协调　xiétiáo　Adj
coordinated; concerted; harmonious

7. 机制　jīzhì　N
mechanism

8. 布局　bùjú　N
overall arrangement; layout

9. 融合　rónghé　V
to fuse; to blend; to mix together

10. 均衡　jūnhéng　Adj
balanced

11. 可持续　kěchíxù
sustainable

12. 以人为本
yǐrén-wéiběn
people-oriented

13. 准绳　zhǔnshéng　N
yardstick; criterion

14. 短板　duǎnbǎn　N
short board; weakness

15. 阐述　chǎnshù　V
to set forth; to expound

刻变革。

11 2021年7月1日，庆祝中国共产党成立100周年大会举行。习近平总书记宣告："经过全党全国各族人民持续奋斗，我们实现了第一个百年奋斗目标，在中华大地上全面建成了小康社会，历史性地解决了绝对贫困问题，正在意气风发向着全面建成社会主义现代化强国的第二个百年奋斗目标迈进。"

（课文字数：776字）

本文改编自：光明网2015年10月27日文章《全面建成小康社会的路线图》，作者中国人民大学重阳金融研究院十八届五中全会解读项目组；新华网2021年7月27日文章《全面建成小康社会大事记》

16. 意气风发
yìqì-fēngfā
to be in high and vigorous spirits

1 根据课文内容连线

（1）"五位一体"　　A 国内生产总值和城乡居民人均收入比2010年翻一番

（2）"四化"　　B 经济、政治、文化、社会和生态文明建设相互融合

（3）两个"倍增"　　C 工业化、信息化、城镇化、农业现代化

2 在文中找出"小康不小康，关键看老乡"这句话的基本意思并画上横线，谈谈你对这句话的理解

3 仿照例子，根据上下文解释下列词语并说明其所在句子（文中画"______"的句子）的含义

例：前行：向前行进

（1）着力：______

（2）永续：______

（3）确保：______

（三）实况阅读

图书推荐：《中国小康村》

我们欣喜地向广大读者推荐中国小康村的奋斗事迹，现已汇编成《中国小康村》一书。书中选编的小康村，是近年来《农民日报》联合中央新闻媒体，组织开展年度“中国十佳小康村”宣传推介活动中所宣传、表彰的各地小康村。她们是中国为数众多的小康村的先进代表和典型。

这些小康村，生产发展、生活富裕、乡风文明、村容整洁、管理民主，经济、政治、文化、环境都已成为新农村建设和构建和谐社会的高标准和好榜样。这些小康村有许多共同的特点，比如说都有一个或者几个重点企业带动村级经济的发展，注重集体经济积累，注重以工补农（用工业的收益补贴农业生产）。乡村企业对农村经济的带动作用是十分明显的。在我国农村中，凡是经济发达、农民生活富裕、社会事业进步的村庄，都是乡村企业办得很好的村庄。在本书选编的小康村里，企业的成就也是村里的成就，不论是企业管村还是村管企业，企业使农民成为上班的工人，企业带动了农业的发展，使农民增加收入，使农民改变了生活方式，使农民懂得了市场竞争，使农民素质得到提高，使农民成为现代社会的新型劳动者。乡村企业在小康村的建设过程中发挥了巨大的作用。

（1）根据课文内容，判断对错（在括号中填“对”“错”或“没提到”）

①《中国小康村》的主要内容是中国小康村的奋斗事迹。（　　）

② 中国有十个小康村。（　　）

③ 书中提到的小康村各有特色，没有什么共同特点。（　　）

④ 经济发展程度是小康村评比的唯一条件。（　　）

⑤ 对于小康村的发展和建设，乡村企业发挥了重要作用。（　　）

（2）观察下列四幅图，结合文中小康村的标准判断哪些是小康村并说明理据

A

B

C

D

第四部分：趣味汉语

熟语

谈谈你对下列熟语的理解

- 民以食为天。
- 绿水青山就是金山银山。

第七课　中国“三农”

第一部分：知识银行

（一）常用字

1　农　nóng 

会意字，字形从林，从晨。古代森林很多，如果要耕种，必须先砍掉树木，所以从“林”；古代日出而作、日落而息，所以从“晨”。本义为“耕、耕种”，现代汉语常用义为“农业”“农民”。

例：农田　农场

　　果农　菜农

练习：判断下列句子中“农”的意思是“农业”还是“农民”

（1）“80后”小伙子回乡当花农，年收入20多万。

（2）农忙时他们在家务农，农闲时他们就出去打工。

（3）很多城里人周末喜欢去农家院吃饭。

2　场　chǎng 

形声字。本义为“古代祭神的平地”，现代汉语常用义为“适应某种需要的比较大的地方”“事情发生的地点”。

例：操场　市场　剧场
　　现场　当场　在场

练习：选择合适的词语填空

A 现场　B 当场　C 在场

（1）在事故发生的________，交警找到了很多证据。
（2）听说昨天他俩吵架了，当时我不________，不了解具体情况。
（3）听到这个不幸的消息，她________昏倒了。

（二）常用书面词语

1 一体化：动词，意思是“使原来不同的行业、机构、部件等组成一个互相配合的整体”。

（1）全球一体化已经成为一种趋势，地球正在变成“地球村”。
（2）这种一体化电脑的主机和显示器合二为一了。

练习：思考并简单解释句子的意思

城乡发展一体化的政策加快了农业现代化和农民增收进程。

2 必将：副词，“必”的意思是“一定”，“将”的意思是“会”。

（1）我们的理想必将成为现实。
（2）持续的环境污染必将给人类带来巨大的灾难。

练习：你认为，未来十年内我们的社会和生活必将发生哪些变化？

（三）常用格式

1 从……入手：“入手”的意思是“开始做某件事”，“从……入手”表示从某个角度或者某个方面开始做某件事。

（1）音乐、美术教育应该从儿童时期入手。
（2）学习汉字要从笔画、笔顺入手。

练习：根据句义连线

（1）分析一篇文章　　　　A 必须从解决污染源入手

（2）要减少环境污染　　　B 应该从基础教育入手

（3）提高国家的科研水平　C 首先要从它的结构入手

2 如果……，没有谁能……，更谈不上……：表示如果发生某种情况，任何人都无法做某事，更无法实现更高的目标。

（1）如果没有安全的环境，没有谁能安心生活，更谈不上专心学习或工作。

（2）如果形势不好，没有谁能保证不赔钱，更谈不上赚钱了。

思考：“中国有十几亿人口，如果不自己解决吃饭问题，没有谁能救得了这么多人，更谈不上创造经济奇迹。”这句话是什么意思？

第二部分：技巧训练

技巧（七）：利用句子主干理解句义

汉语句子有六大成分——主语、谓语、宾语、定语、状语、补语，其中主语、谓语、宾语是句子的主要成分，又叫句子的主干，定语、状语、补语为附加成分。阅读时，找出句子的主干有助于理解句子的中心内容。例如：“城乡发展一体化的政策加快了农业现代化和农民增收进程。”这句话的中心内容是“政策加快了进程”。

练习：

（1）提取句子主干成分

① 中国人口政策的重大调整将对未来的中国社会经济产生巨大的影响。

____

② 2003 年，中国政府做出了加快发展铁路的重要决策。

____

③ 中国的农业发展仍然面临一系列新的挑战和压力。

____

（2）句子扩展

① ________同事________提了________建议。

② ________书桌上摆着________东西。

第三部分：阅读实践

（一）精读

1 生词学习

1	支撑	zhīchēng	V	顶住压力使东西不倒塌，引申为（尽力）维持。 努力支撑；支撑不住；支撑下去 他连续工作了20多个小时，身体支撑不下去了。
2	奥秘	àomì	N	深奥的还没被认识的秘密。 宇宙的奥秘；探索奥秘 科学家发现了人类长寿的奥秘。
3	承包	chéngbāo	V	接受生产经营活动并负责完成。 承包土地；个人承包 改革开放以来，实行了家庭联产承包责任制，农民的生活越来越好了。
4	耕地	gēngdì	N	种植农作物的土地。 保护耕地；耕地面积 我们应该保护耕地。
		gēng//dì	VO	用犁把田地里的土翻松。 用牛耕地的时代早就过去了。
5	逊色	xùnsè	Adj	（表现）比……差。 逊色许多；毫不逊色 我的成绩跟姐姐相比，并不逊色。
6	农场	nóngchǎng	N	使用机器大规模进行农业生产的企业单位。 一家农场；大型农场 我们要去参观一家农场。
7	显眼	xiǎnyǎn	Adj	明显而容易被看到，引人注目。 显眼的地方；十分显眼 那座高楼特别显眼。

8	不相上下	bùxiāng-shàngxià		数量、程度差不多，分不出高低。 他们俩的工作能力不相上下。
9	功不可没	gōngbùkěmò		功劳和贡献特别大。 我们能获得冠军，队长功不可没。
10	保驾护航	bǎojià-hùháng		指提供保护，使顺利进行、发展。 军人要为国家的安全保驾护航。
11	免除	miǎnchú	V	免去，除掉。 免除费用；免除困扰 学校免除了贫困家庭学生的学费。
12	税收	shuìshōu	N	国家依法通过征税取得的财政收入。 税收政策；免除税收 当地税收的一部分用于教育。
13	水利	shuǐlì	N	利用水力资源和防止水灾的事业；指水利工程。 水利工程；兴修水利 长江上有很多大型的水利工程。
14	挑战	tiǎozhàn	N	指需要应付、处理的局面或难题。 迎接挑战；巨大的挑战
		tiǎo//zhàn	VO	主动与困难等做斗争。 挑战自我；互相挑战 不断挑战自我才会不断进步。
15	坚定不移	jiāndìng bùyí		（立场、主张、意志等）稳定坚强，不动摇。 确定目标以后，就要坚定不移地走下去。

2 热身练习

（1）快速找出本课生词

① “三农”是中国经济奇迹的强大支撑。

② 流转的土地经营权面积占全国农户承包耕地总面积的28.8%。

③ 其经营规模和作业的机械化程度与任何农业现代化国家相比都不逊色。

④ 尽管耕地的经营规模并不显眼，但不少农户可获得与城镇居民不相上下的收入。

（2）选择合适的词语填空

A 水利　　B 功不可没　　C 保驾护航　　D 免除

① 农业支持保护体系的逐步完善对农业发展发挥了________的作用。

② 自2006年起，中国彻底________了针对农业生产的各项税收。

③ 国家不断加强农村________、交通、电网、通信等基础设施建设。

④ 在农业发展方面，农业科技的快速进步________。

3 课文：“三农”是中国经济奇迹的强大支撑

► 第一步：读前思考，读后回答

思考题：

（1）“三农”指的是什么？

（2）根据课文，中国农业成功的奥秘是什么？

（3）中国政府是哪一年全面取消农业税的？

1 “三农”是指农业、农村和农民。

2 1979年到2013年，中国国内生产总值年均增长9.8%，占全球经济总量的比重从1.7%上升到12.3%，而农业在国内生产总值中的比重却从28.2%下降到10.0%，但这并没有改变农业在中国国民经济中的基础性地位。中国有十几亿人口，如果不自己解决吃饭问题，没有谁能救得了这么多人，更谈不上创造经济奇迹。1978年到2013年，中国总人口增长41.4%，但人均粮食拥有量依然增长了39.8%。中国人均拥有的棉花、油料、糖料、肉类、奶制品、蔬菜、水果、水产品等实现了成倍乃至十几倍的增长。

3 农业成功的奥秘在于全方位持续推进改革创新。中国的改革是从农村开始的，农村改革是从农业经营体制入手的，而农业经营体制改革是以保障农民经营自主权为重点的。2014年6月底，全国已有近26%的农户实现了“土地流转”，即保留土地承包权，转让使用权。流转的土地经营权面积占全国农户承包耕地总面积的28.8%。在东北三省，由上千农户通过流转土地经营权发展起来的合作社，其经营规模和农业机械化程度与任何农业现代化国家相比都不逊色。在江南农村，通过流转土地经营权发展起来的家庭农场，尽管耕地的经营规模并不显眼，但不少农户可获得与城镇居民不相上下的收入，农户们很高兴，因为他

们赚的钱也可以跟城里人差不多多了。

4　在农业发展方面，农业科技的快速进步功不可没，农业科技进步对农业增长的贡献率不断提高。中国农业支持保护体系的逐步完善对农业发展发挥了保驾护航作用。自 2006 年起，国家彻底免除了针对农业生产的各项税收，使农民每年减少支出 1350 亿元左右。与此同时，国家不断加强农村水利、交通、电网、通信等基础设施建设，极大地改善了农村的生产和生活条件，曾经落后的农村正在快速发展。

5　城乡发展一体化的政策加快了农业现代化和农民增收进程。城乡一体化就是把工业与农业、城镇与乡村、城镇居民与农村居民看作一个整体，平等对待。到 2014 年底，全国农村转移到非农产业和城镇就业的劳动力达 2.74 亿人，已超过务农劳动力的总量，其中到城镇就业的农村劳动力超过 1.7 亿人。

6　当前，中国农业发展仍然面临一系列新的挑战和压力，而解决问题的根本出路是坚定不移地加快转变农业发展方式，数量、质量、效益并重，注重提高竞争力，注重农业技术创新，注重可持续发展，走产出高效、产品安全、资源节约、环境友好的现代农业发展道路。只要沿着这个方向，农业、农村和农民必将继续对经济社会发展起到不可替代的支撑作用。

（课文字数：960 字）

本文改编自《人民日报》2015 年 3 月 25 日文章《“三农”是中国奇迹的强大支撑》，作者陈锡文

▶ 第二步：细读课文，回答问题

（1）根据课文内容，判断对错并找出理据（在括号中填“对”“错”或“没提到”）

① 从 1979 年到 2013 年，农业在中国国民经济中的基础性地位已经发生了根本性改变。(　　)

② 到 2014 年 6 月底，全国已有 26% 以上的农户转让了土地的承包权。(　　)

③ 自 2006 年起，国家彻底免除了针对农业生产的各项税收。(　　)

④ 到 2014 年底，到城镇就业的农村劳动力超过 2.74 亿人。(　　)

⑤ 农村到城镇就业的人非常多。(　　)

⑥ 中国的农村改革是从农业经营体制开始的。(　　)

（2）找出第3段、第4段、第5段的中心句，并画上横线

▶ 第三步：句义理解

（1）"如果不自己解决吃饭问题，没有谁能救得了这么多人，更谈不上创造经济奇迹。"下列哪项跟这句话表达的意思不一致？（第2段）

A 经济发展需要农业支撑

B 吃饭问题只能靠自己解决

C 谁也不可能解决这么多人的吃饭问题

D 解决吃饭问题是创造经济奇迹的前提

（2）农业成功的奥秘在于：（第3段）

A 坚持改革创新　　B 重视农业生产

C 不断提高农民素质　　D 不断提高农民生活水平

（3）"土地流转"的含义是什么？（第3段）

A 保留承包权和使用权　　B 转让承包权和使用权

C 转让承包权，保留使用权　　D 保留承包权，转让使用权

（4）"城乡一体化"的含义是什么？（第5段）

A 平等对待工业与农业　　B 平等对待城镇与乡村

C 平等对待城镇居民与农村居民　　D A、B、C三项合起来

（5）加快转变农业发展方式，要重视哪些方面？（第6段）

A 数量　　B 质量

C 效益　　D A、B、C三项都有

▶ 第四步：词义理解

（1）根据课文内容，为画线词语选择合适的解释

①中国人均拥有的棉花、油料、糖料、肉类、奶制品、蔬菜、水果、水产品等实现了成倍乃至十几倍的增长。（第2段）

A 甚至　　B 至于　　C 或者　　D 达到

②中国的改革是从农村开始的，农村改革是从农业经营体制入手的。（第3段）

A 形成　　B 开始　　C 发展　　D 推动

③由上千农户通过流转土地经营权发展起来的合作社，其经营规模和农业机械化程度与任何农业现代化国家相比都不逊色。（第3段）

A 突出　　B 可靠　　C 落后　　D 贫穷

④ 在江南农村，通过流转土地经营权发展起来的家庭农场，尽管耕地的经营规模并不显眼，但不少农户可获得与城镇居民不相上下的收入。（第 3 段）

A 具有优势 B 引人注目 C 固定不变 D 十分缺乏

⑤ "注重农业技术创新，注重可持续发展"中"可持续发展"强调的是：（第 6 段）

A 劳动人口越来越多 B 发展速度不断加快

C 发展与环境保护并重 D 人们的收入越来越高

（2）在课文画线词语的上下文中找到其近义词

① 上升（第 2 段）：________

② 不相上下（第 3 段）：________

③ 进步（第 4 段）：________

（3）根据课文内容，寻找搭配并连线

① 解决　　A 奇迹

② 创造　　B 问题

③ 转变　　C 作用

④ 发挥　　D 方式

► 第五步：根据课文内容，回答问题

（1）根据课文第 3 段，简单说明中国的改革、农村改革、农业经营体制改革、保障农民经营自主权这几件事情的关系。

（2）认真阅读课文的第 4 段、第 5 段和第 6 段，说说什么对中国的农业发展起到了很大的促进作用。

（3）根据课文第 6 段，应如何解决中国农业发展面临的挑战和压力？

► 第六步：朗读课文

(二) 泛读

城镇化离不开进城务工人员市民化

1　随着中国经济的快速发展，城镇化和工业化对农村人口产生了巨大的拉力，大量农村人口为了求职、就业和更好的生活来到城市；同时，农业产业化的加速推进，使得农业生产已经不再像过去那样需要那么多的传统劳动力，从而对农村人口进城形成一股推力。这一拉一推，不仅促进了农业生产效率提高，也同时推动了劳动者的专业化分工，从而创造出更多的城镇人口。

2　关于城镇化率，有以户籍和常住人口为标准的两种统计方式。相关统计数据显示，2015年中国户籍人口城镇化率只有30%多，而常住人口城镇化率则超过54%。其中的差距在于超过2亿的流动于城乡间的进城务工人员。

3　要进一步提高中国城镇化的质量，必须加快进城务工人员的市民化。目前，中国城市公共服务的发展相对滞后，不能完全适应城市化的发展速度。很多进城务工人员在进城后不能完全享受到市民待遇。"让进城务工人员享受与城市居民同等待遇"不能仅仅是一句口号，需要许多政策、措施的配合，需要一个过程。以就业为例，理论上来说，每两个进城务工人员进城，就需要新创造一个就业机会，但在目前的经济形势下，这是很难做到的。因此，要扎扎实实地发展经济，特别

生词：

1. 市民　shìmín　N
   city resident(s)
2. 从而　cóng'ér　Conj
   thus; thereby; in this manner
3. 户籍　hùjí　N
   household registration
4. 常住人口
   chángzhù rénkǒu
   permanent resident population
5. 滞后　zhìhòu　V
   to lag behind

是发展服务业这样的第三产业，使得城镇化程度与经济发展水平相匹配。

4　另外，要尽快打破城乡二元体制格局，使得已经在城镇就业的进城务工人员成为真正的产业工人，充分享受现代城市文明发展成果，为他们提供更好的教育、医疗服务，提供更多的就业选择，提高他们的经济收入，让他们与城市居民享受同等的待遇。

5　城镇化发展利大于弊。但在此过程中，还要尽量避免过度城镇化的倾向，因为城镇化是社会发展到一定阶段的产物，是需要经济发展来支撑的。国际经验表明，在一些国家，城镇化速度大大超过其经济发展的速度，有些地方在经历了城镇化改造之后，由于不能提供充足的就业机会，反而使农民失去了土地，从而造成了城市中新的贫困。这些教训我们必须吸取，以有序推进并逐步实现有条件、有意愿的进城务工人员的市民化。

（课文字数：797 字）

本文改编自《经济日报》2015 年 12 月 2 日文章《城镇化离不开农民工市民化》，作者吴学安

6. 匹配　pǐpèi　V
to match

7. 二元体制
èryuán tǐzhì
binary system

8. 格局　géjú　N
pattern

9. 产物　chǎnwù　N
outcome; result

10. 以　yǐ　Conj
in order to

1 根据课文内容，回答问题

（1）影响农村人口流动的“拉力”是什么？

（2）影响农村人口流动的“推力”是什么？

（3）2015 年，中国户籍人口城镇化率是多少？

（4）2015 年，中国常住人口城镇化率是多少？

（5）根据课文内容，为什么要避免过度城镇化？具体说说。

2 找出下列句子的主干

（1）大量农村人口为了求职、就业和更好的生活来到城市。

（2）其中的差距在于超过2亿的流动于城乡间的进城务工人员。

（3）城镇化是社会发展到一定阶段的产物。

（三）实况阅读

城西村苹果园采摘广告

城西村苹果园可接待个人及团体采摘，设有大型停车场，可以同时停放多辆汽车。种植的苹果均为有机苹果，不使用农药、化肥等，个大、味甜。品种有红富士、王林、国光等。欢迎前来观光、采摘。

采摘园特色

1. 规模大。占地50亩，苹果树3200棵，年产红富士和王林苹果30万斤；停车场占地5亩，日可接待1000余人。

2. 价格实惠，有团体价。没有中间商，无中间加价。

3. 交通便利。距北六环五公里，依山傍水，环境优美。

4. 保证果品的食用安全和新鲜度，自然成熟，口味纯正，营养价值高。

5. 浇灌水达到饮用水标准，土壤肥沃，富含有机质，完全农家肥，果品绿色安全。

价目表及优惠信息

果园不设门票，园内采摘可免费试吃（请不要随意浪费）。入园每人（1.3米以下儿童不计）须最少采摘三斤。

品种	时间	个人	10人以上团体（含10人）	50人以上团体（含50人）
红富士	周一至周五	8元/斤	6元/斤	5元/斤
	周六日	10元/斤	8元/斤	6元/斤
王林	周一至周五	8元/斤	6元/斤	5元/斤
	周六日	10元/斤	8元/斤	6元/斤
国光	周一至周五	7元/斤	5元/斤	4元/斤
	周六日	8元/斤	7元/斤	5元/斤

（1）根据课文内容，选择正确答案

①该苹果园的苹果种类不包括：

A 红富士　　B 王林　　C 国光　　D 金帅

②该苹果园的特色有（可多选）：

A 规模大，产量多

B 交通便利，价格实惠

C 自然成熟，营养丰富

D 灌溉水质好，绿色肥料

③关于价格，理解错误的是：

A 团体价格更优惠

B 定价没有中间商加价

C 采摘不超过三斤不要钱

D 平日价格比周末价格优惠

（2）结合课文内容，写出下列画线书面语的口语形式

①种植的苹果<u>均为</u>有机苹果。

②停车场占地5亩，<u>日</u>可接待1000余人。

③果园<u>不设门票</u>，园内采摘<u>可</u>免费试吃（请不要随意浪费）。

（3）根据课文信息，为下列情况计算采摘所需的最低费用

①一家三口，其中有一名儿童身高1.25米。

最低费用：________________

② 五家人共同前往，每家三口人；共五名儿童，其中一人身高超过 1.3 米。

最低费用：____________

③ 公司为 200 名员工团购周末采摘票，采摘果种为红富士。

最低费用：____________

第四部分：趣味汉语

熟语

谈谈你对下列熟语的理解

- 日出而作，日落而息。
- 春种夏耘，秋收冬藏。
- 无农不稳，无工不富。

第八课　“一带一路”

第一部分：知识银行

（一）常用字

1　器　qì 

会意字，从犬，从口，表示器物很多，需要狗看守。本义为“器具”，也是现代汉语中“器”的常用义。

例：电器　武器

练习：选择合适的词语填空

A 瓷器　　B 乐器　　C 热水器

（1）钢琴是她最喜爱的______。

（2）用这种______洗澡非常方便。

（3）这家______店里的花瓶、盘子等的造型很美。

2　圈　quān 

形声字，从囗（wéi，表示被围），卷声。本义为“养家畜的小围栏”，现代汉语常用义为“环形”，引申为“范围”。常用在名词或者动词后面，表示某一领域、某一范围。

例：朋友圈　经济圈　交际圈

练习：选择合适的词语填空

A 娱乐圈　　B 教育圈　　C 体育圈

（1）当运动员时，他是________名人，退役（tuì//yì，to retire）后进入________，拍了不少电影。

（2）在________，这位教授的影响力很大。

（二）常用书面词语

1 往来： 动词，有两个义项。

（1）去和来。

这条大路上每天往来的车辆很多。

（2）互动，交际。

我们平时跟他没有什么往来。

思考：“两千多年前，中国与其他国家就通过海陆两条丝绸之路开展了商贸往来”中的“往来”是什么意思？

2 回顾： 动词，有两个义项。

（1）回过头来看。

他回顾身后，发现空无一人。

（2）回想，反思。

①回顾过去五年的经历，有苦也有乐。

②回顾过去，展望未来。

思考：“回顾历史，早在两千多年前，中国与其他国家就通过海陆两条丝绸之路开展了商贸往来”中的“回顾”是什么意思？

（三）常用格式

1 以……为代价： “以”的意思是“把”，“为”的意思是“作为、当作”，整个结构的意思是“把……作为代价”。格式中间一般是名词、名词性词组或动词性词组。

挣钱很重要，但是不能以牺牲健康为代价。

练习：完成句子

（1）发展经济不能以＿＿＿＿＿＿＿＿＿＿＿＿为代价。

（2）追求幸福生活不能以＿＿＿＿＿＿＿＿＿＿＿＿为代价。

2　无论……还是……：表示条件或者情况的变化不会影响结果，常与“都”搭配使用。

无论成功还是失败，我都不会放弃。

练习：

（1）用“无论……还是……”改写下列句子

① 他有“手机依赖症”，坐车时、吃饭时，总是放不下手机。

＿＿＿＿＿＿＿＿＿＿＿＿＿＿＿＿＿＿＿＿＿＿＿＿＿＿＿＿

② 他上学时很努力，工作以后还是很努力。

＿＿＿＿＿＿＿＿＿＿＿＿＿＿＿＿＿＿＿＿＿＿＿＿＿＿＿＿

（2）阅读句子并把“还是”放入合适的位置

无论是从发展经济、＿①＿改善民生的角度看，＿②＿从应对金融危机、加快产业转型升级的角度看，“一带一路”沿线各国的前途命运，＿③＿从未像今天这样紧密相连、休戚与共。

第二部分：技巧训练

技巧（八）：压缩句子、化繁为简

阅读时，可以通过压缩句子、化繁为简来提高阅读速度。

1. 略去举例性的词语

例如：

如果一定要在网络上保存自己的信息，例如电子邮件、私人日记等，要使用安全的密码进行保护。

→如果一定要在网络上保存自己的信息，要使用安全的密码进行保护。

2. 略去重复性的引言

例如：

（1）读书没有不辛苦的，“书山有路勤为径，学海无涯苦作舟”，但读书有读书的乐趣。

→读书没有不辛苦的，但读书有读书的乐趣。

（2）这次募捐，“众人拾柴火焰高”，我们三天时间就募集到了十万元善款。

→这次募捐，我们三天时间就募集到了十万元善款。

练习：压缩句子

（1）秋天要注意多吃些酸味的食物，像石榴、山楂、橙子等，这些食品能够起到养肺的作用。

____

（2）乘坐公交车时禁止携带任何危险品，比如汽油、酒精等易燃易爆物品都不允许带上车。

____

（3）你找人商量商量，也许会找到更好的办法，俗语说“一人计短，两人计长”嘛。

____

第三部分：阅读实践

（一）精读

1 生词学习

1	倡议	chàngyì	N	首先提出的主张。 发起倡议；一项倡议 “保护母亲河黄河”的倡议得到了热烈响应。
			V	首先建议，发起。 共同倡议；郑重倡议 学校倡议为地震灾区捐款。
2	酝酿	yùnniàng	V	造酒的发酵过程，比喻做准备工作，如事先考虑、商量等。 酝酿方案；反复酝酿 下周开会讨论年度计划，大家先酝酿一下儿。
3	转型	zhuǎnxíng	V	社会经济结构、文化形态、价值观念等发生变化；转换产品的型号或构造。 向……转型；转型升级 传统零售业正在向“新零售”转型。

4	激发	jīfā	V	通过语言、行动、物质等刺激，使某种情绪（热情、兴趣等）表现出来。 激发热情；激发兴趣 这篇课文激发了学生的学习兴趣。
5	潜力	qiánlì	N	潜在的、还没发挥出来的力量。 具有发展潜力；潜力很大 她是一个很有发展潜力的运动员。
6	契合	qìhé	V	符合。 十分契合；完全契合 这个项目完全契合公司的发展目标。
			Adj	合得来。 感情契合；性格契合 他们俩性格相似，爱好相同，感情契合。
7	机遇	jīyù	N	时机，机会（多指有利的）。 重要的机遇；抓住机遇 要想获得成功，必须抓住机遇。
8	认同	rèntóng	V	认为跟自己有共同之处而感到亲切；承认，认可。 民族认同感；认同他的意见 他提出的关于公司发展的构想得到了大家的认同。
9	框架	kuàngjià	N	比喻事物的基本组织、结构。 论文框架；理论框架 这本书的基本框架很好。
10	瓷器	cíqì	N	瓷质的器皿。 一件瓷器；精美的瓷器 江西省景德镇是中国著名的瓷器产地。
11	赞誉	zànyù	V	称赞。 受到赞誉；赢得赞誉 袁隆平院士为农业发展做出了杰出贡献，赢得了高度赞誉。
12	统筹	tǒngchóu	V	全面统一地安排、规划。 统筹安排；统筹规划 开幕式的各项活动由组委会统筹安排。
13	跨度	kuàdù	N	指时空跨越的距离。 时间跨度；跨度很大 该项目投资巨大，时间跨度很长。

14	走廊	zǒuláng	N	屋檐下高出平地的走道，或房屋之间有顶的走道；比喻连接两个较大地区的狭长地带。 一条走廊；经济走廊 河西走廊（Hexi Corridor）有着悠久的历史。
15	休戚与共	xiūqī-yǔgòng		休：喜悦。戚：悲伤。共同分享、分担喜悦和悲伤。 这对夫妻几十年来休戚与共，感情特别深厚。
16	落地生根	luòdì-shēnggēn		种子落到地上，生根扎入土地，比喻在一个地方停留下来，不再离开。 要让先进的管理理念和管理手段在我们公司落地生根。

专有名词

1	张骞	Zhāng Qiān	PN	汉代杰出的外交家、旅行家、探险家，丝绸之路的开辟者。
2	西域	Xīyù	PN	汉代以后对玉门关、阳关以西地区的总称。

2 热身练习

（1）快速找出本课生词

① 当前，全球经济增长和贸易、投资格局正在酝酿深刻调整。

②"一带一路"倡议在平等的文化认同框架下谈合作，体现的是和平、交流、理解、包容、合作、共赢的精神。

③"一带一路"倡议的提出，契合沿线国家的共同需求。

（2）选择合适的词语填空

A 跨度　　B 统筹　　C 落地生根　　D 休戚与共

① 形成沿海内陆________发展、东部西部互相协助、面向全球开放的新格局。

②"一带一路"这条世界上________最长的经济大走廊，发端于中国。

③"一带一路"沿线各国的前途命运从未像今天这样紧密相连、________。

④"一带一路"倡议正在世界各国人民心中________。

3 课文："一带一路"打开"筑梦空间"

▶ 第一步：读前思考，读后回答

思考题：

（1）"一带一路"倡议对沿线国家有什么意义？

（2）"一带一路"在历史上分别从何时开始？

（3）"一带一路"是一个封闭的实体吗？

中国梦　大构想

1　"一带一路"是"丝绸之路经济带"和"21世纪海上丝绸之路"的简称。"一带一路"倡议最早是由中国国家主席习近平2013年9月和10月在哈萨克斯坦和印度尼西亚访问时提出来的。建设"一带一路"，对推进中国新一轮对外开放和沿线国家共同发展意义重大。当前，经济全球化深入发展，区域经济一体化加快推进，全球经济增长和贸易、投资格局正在酝酿深刻调整，亚欧国家都处于经济转型升级的关键阶段，需要进一步激发这一地区的发展活力与合作潜力。"一带一路"倡议的提出，契合沿线国家的共同需求，为沿线国家优势互补、开放发展提供了新的机遇。

2　作为世界第二大经济体，中国的发展不以损害他国的利益为代价。"一带一路"倡议在平等的文化认同框架下谈合作，体现的是和平、交流、理解、包容、合作、共赢的精神。

新格局　大合作

3　回顾历史，早在2000多年前，中国与其他国家就通过海陆两条丝绸之路开展了商贸往来。从2100多年前西汉的张骞出使西域，到600多年前明朝的郑和下西洋，海陆两条丝绸之路将中国的丝绸、茶叶、瓷器等输往沿途各国，带去了文明和友好，赢得了各国人民的赞誉和喜爱。

4　"一带一路"沿线大多是新兴经济体和发展中国家，总人口约44亿，经济总量约21万亿美元，分别约占全球的63%和29%。这些国家普遍处于经济发展的上升期，需要开展互利合作。中国与“一带一路”沿线国家合作，可以提升新兴经济体和发展中国家在中国对外开放格局中的地位，促进中国中西部地区和沿边地区对外开放，进而形成沿海内陆统筹发展、东部西部互相协助、面向全球开放的新格局。

5　2000年中国开始实行西部大开发，中国和中亚乃至向西更多国家的经贸合作也成为必然趋势。而中国的发展经验和成果可以为中亚及更多国家所借鉴。公路、铁路、油气管道、网络通信设施等不断修建，正在形成古丝绸之路上的现代商队。

“中国梦”“世界梦”

6　打开世界地图可以发现，“一带一路”这条世界上跨度最长的经济大走廊，发端于中国，贯通中亚、东南亚、南亚、西亚乃至欧洲部分区域，东接亚太经济圈，西达欧洲经济圈，它是世界上最有发展潜力的经济带。无论是从发展经济、改善民生的角度看，还是从应对金融危机、加快转型升级的角度看，“一带一路”沿线各国的前途命运从未像今天这样紧密相连、休戚与共。

7　“一带一路”倡议不仅是实现中国梦的伟大构想，更是沿线各国的共同事业。它有利于将政治互信、地理靠近、经济互补等优势转化为务实合作、持续增长的优势。

“利益共同体”“命运共同体”

8　“一带一路”倡议是一个开放包容的经济合作倡议，不限国家、不是一个实体、不封闭，有兴趣的国家和经济体均可参与进来，成为“一带一路”倡议的支持者、建设者和受益者。在未来的共同建设过程中，“一带一路”无疑将释放更大的活力。

9　“一带一路”倡议正在世界各国人民心中落地生根。一幅横贯东西、共谋发展的宏大蓝图正在铺展开来。有梦想、有追求、有奋斗，一切皆有可能。

（课文字数：1170字）

本文改编自中国经济网2014年8月11日文章《习近平提战略构想：“一带一路”打开“筑梦空间”》，作者王敬文

► 第二步：细读课文，选择正确答案

（1）“一带一路”倡议提出的背景不包括下列哪项？（第 1 段）

A 经济全球化　B 区域经济一体化

C 亚欧国家经济转型升级　D 全球投资格局稳定不变

（2）“一带一路”倡议体现的内容不包括下列哪项？（第 2 段）

A 竞争　B 包容　C 共赢　D 和平

（3）“一带一路”沿线国家人口总数约为多少？（第 4 段）

A 64 亿　B 54 亿　C 44 亿　D 14 亿

（4）“一带一路”沿线国家经济总量约占全球的：（第 4 段）

A 21%　B 29%　C 44%　D 63%

（5）“一带一路”这条经济大走廊经过的地区不包括下列哪项？（第 6 段）

A 中亚　B 南亚　C 西亚　D 北亚

► 第三步：句义理解（判断对下列句子的理解与原文是否一致）

（1）作为世界第二大经济体，中国的发展不以损害他国的利益为代价。（第 2 段）

理解：中国是世界第二大经济体，中国希望快速发展，但不希望损害其他国家的利益。

（一致□　不一致□）

（2）“一带一路”沿线大多是新兴经济体和发展中国家。（第 4 段）

理解：“一带一路”沿线全都是新兴经济体和发展中国家。

（一致□　不一致□）

（3）而中国的发展经验和成果可以为中亚及更多国家所借鉴。（第 5 段）

理解：而中国应该学习和借鉴中亚及更多国家的发展经验和成果。

（一致□　不一致□）

（4）无论是从发展经济、改善民生的角度看，还是从应对金融危机、加快转型升级的角度看，“一带一路”沿线各国的前途命运从未像今天这样紧密相连、休戚与共。（第 6 段）

理解：从发展经济、改善民生、应对金融危机、加快转型升级等角度看，“一带一路”沿线各国的前途命运联系得前所未有地紧密。

（一致□　不一致□）

（5）"一带一路"倡议正在世界各国人民心中落地生根。（第 9 段）

理解：世界各国人民不了解"一带一路"倡议。

（一致□ 不一致□）

► 第四步：词义理解

（1）下列句子中的画线词语多用于书面，它们相应的口语形式是什么？

① 当前，经济全球化深入发展，区域经济一体化加快推进。

② 亚欧国家都处于经济转型升级的关键阶段，需要进一步激发这一地区的发展活力与合作潜力。

③ 从 2100 多年前西汉的张骞出使西域，到 600 多年前明朝的郑和下西洋，海陆两条丝绸之路将中国的丝绸、茶叶、瓷器等输往沿途各国。

④ "一带一路"沿线大多是新兴经济体和发展中国家，总人口约 44 亿，经济总量约 21 万亿美元。

⑤ 无论是从发展经济、改善民生的角度看，还是从应对金融危机、加快转型升级的角度看，"一带一路"沿线各国的前途命运从未像今天这样紧密相连、休戚与共。

⑥ "一带一路"倡议不仅是实现中国梦的伟大构想，更是沿线各国的共同事业。它有利于将政治互信、地理靠近、经济互补等优势转化为务实合作、持续增长的优势。

⑦ "一带一路"倡议是一个开放包容的经济合作倡议，不限国家、不是一个实体、不封闭，有兴趣的国家和经济体均可参与进来。

⑧ 在未来的共同建设过程中，"一带一路"无疑将释放更大的活力。

⑨ 有梦想、有追求、有奋斗，一切皆有可能。

（2）根据上下文，解释画线词语的意思

① "一带一路"倡议的提出，契合沿线国家的共同需求，为沿线国家优势互补、开放发展提供了新的机遇。

② 从 2100 多年前西汉的张骞出使西域，到 600 多年前明朝的郑和下西洋，海陆两条丝绸之路将中国的丝绸、茶叶、瓷器等输往沿途各国，带去了文明和友好，赢得了各国人民的赞誉和喜爱。

③ "一带一路"沿线大多是新兴经济体和发展中国家，总人口约 44 亿，经济总量约 21 万亿美元，分别约占全球的 63% 和 29%。

④"一带一路"倡议是一个开放包容的经济合作倡议，不限国家、不是一个实体、不封闭，有兴趣的国家和经济体均可参与进来，成为"一带一路"倡议的支持者、建设者和受益者。

► **第五步：朗读课文**

（二）泛读

1　你听过郑和七下西洋的故事吗？

2　1405年，明成祖朱棣派郑和带领一支船队出使西洋，那时的西洋指的是中国南海以西的沿海地区。郑和一共带了20 000多人，除了士兵和水手外，还有官员、技术人员、医生和翻译。船队中最大的船，长100多米，宽几十米，可容纳1000人，船上有航海图、罗盘。在出使的路上，虽然遇到几次惊涛骇浪，但是船上有很多经验丰富的老水手，船队从没出过事。

3　郑和带着大批金银财物，每到一个国家，就把明成祖的信交给国王，并且把带去的礼物送给他们，希望同他们友好交往。许多国家见郑和带了那么大的船队，态度又十分友好，都热情地接待他们。郑和这一次出使，一直到第三年十月才回国。西洋各国国王趁郑和回国，也都派了使者

生词：

1. 出使　chūshǐ　V
   to be sent on a diplomatic mission
2. 士兵　shìbīng　N
   soldier
3. 水手　shuǐshǒu　N
   seaman; sailor
4. 容纳　róngnà　V
   to hold; to accommodate
5. 航海图　hánghǎitú
   marine chart
6. 罗盘　luópán　N
   compass
7. 惊涛骇浪
   jīngtāo-hàilàng
   tempestuous waves
8. 趁　chèn　Prep
   taking advantage of; availing oneself of

带着礼物跟着他一起回访。

4 明成祖见这次远航这么成功，非常高兴。在以后的20多年里，他一次又一次地派郑和前往西洋各国。1405年到1433年，郑和七下西洋，完成了人类历史上伟大的壮举。郑和先后到过印度洋沿岸的30多个国家，最远还曾到达过非洲。1419年郑和回国时，一批非洲国家的使节也随他来到中国，据说他还带回了当时中国人从来没有见过的长颈鹿。1420年，非洲国家的使节还和来自世界各地的众多宾客一起应邀参加了紫禁城的落成仪式。

5 郑和下西洋说明中国当时的造船和航海技术已经达到了很高的水平。更重要的是，这一事件打破了中国与外国相对隔绝的状态，让外国人更多地了解了中国。郑和的船队给所经过的国家带去了大量中国的瓷器、铜器、铁器、金银和各种精美的丝织品，同时也换回了亚非各国的许多特产，如胡椒等香料、象牙、椰子、各种宝石、染料、药材，以及长颈鹿、狮子、鸵鸟、金钱豹等动物，广泛地促进了中国与亚非国家的经济交流。由于郑和的船队每到一地都以友好的态度从事平等贸易，同时还了解当地的风俗习惯，尊重当地人民，因而受到当地人民的欢迎。通过官方和民间两种贸易途径，郑和成功地构建起了一个中国与东南亚之间的经济贸易网，中国与东南亚国家建立了密切的政治、外交、贸易关系，促进了双方的文化交流。

9. 回访 huífǎng V
to pay a return visit

10. 壮举 zhuàngjǔ N
magnificent feat

11. 印度洋 Yìndù Yáng
Indian Ocean

12. 使节 shǐjié N
diplomatic envoy

13. 长颈鹿 chángjǐnglù
N giraffe

14. 紫禁城 Zǐjìnchéng
PN the Forbidden City

15. 落成 luòchéng V
(of a construction project) to be completed

16. 仪式 yíshì N
ceremony

17. 隔绝 géjué V
to be isolated

18. 胡椒 hújiāo N
pepper

19. 椰子 yēzi N
coconut

20. 染料 rǎnliào N
dyestuff

21. 鸵鸟 tuóniǎo N
ostrich

22. 金钱豹 jīnqiánbào
N leopard

6　郑和七下西洋的故事至今还为人们所津津乐道。

（课文字数：831 字）

23. 津津乐道
jīnjīn-lèdào
to talk about sth. enthusiastically

1　根据内容，为课文添加一个合适的标题

2　根据课文内容连线

（1）1405 年　　A 非洲国家使节参加紫禁城落成仪式
（2）1419 年　　B 郑和从非洲带回长颈鹿
（3）1420 年　　C 郑和完成第七次下西洋
（4）1433 年　　D 郑和第一次下西洋

3　根据课文内容，以下哪些是郑和下西洋带回中国的？

A 胡椒等香料　B 象牙　C 瓷器　D 铜器　E 铁器　F 药材　G 宝石　H 长颈鹿
I 金银　J 丝绸　K 染料　L 椰子　M 狮子　N 鸵鸟　O 金钱豹

4　根据课文内容，选择正确答案

（1）郑和下西洋的主要目的是：（第 3 段）

A 发展海外贸易　B 增进友好往来
C 提高航海技术　D 了解其他国家

（2）郑和下西洋所到各地，当地人民对郑和的态度是什么样的？（第 3 ～ 5 段）

A 怀疑　B 羡慕　C 欢迎　D 反感

（3）关于郑和下西洋说法正确的是：（全文）

A 郑和七下西洋前后用了 50 多年时间
B 郑和船队里的船有的长度超过 100 米
C 跟随郑和下西洋的主要是军人和商人
D 非洲国家拒绝派使节跟郑和的船去中国

（三）实况阅读

央视大型纪录片：《一带一路》

节目简介

纪录片《一带一路》由中央电视台科教频道制作，于2016年9月5日在中央电视台综合频道播出。全片共分六集，分别是《共同命运》《互通之路》《光明纽带》《财富通途》《金融互联》《筑梦丝路》。

摄制组累计行程20万公里，足迹跨越亚、非、欧、美四大洲，对“一带一路”沿线30多个国家和国内福建、新疆等20多个省、自治区、直辖市的“一带一路”建设工作进行深度拍摄，记录了国内外60多个普通人与“一带一路”的生动故事。

节目特色

该片以全面解读“一带一路”倡议为主题，以“丝绸之路经济带”和“21世纪海上丝绸之路”为主线，对“一带一路”沿线30多个国家进行了拍摄，反映了中国与“一带一路”沿线国家在推动基础设施建设、加强经贸金融产业合作、增进人文交流生态合作等方面的重要进展。摄制组通过实地拍摄、对话访谈，用具体的事例印证了“一带一路”倡议“不是中国一家的独奏，而是沿线国家的合唱”这一宏大主题。

读后练习

（1）根据课文内容，判断对错（在括号中填“对”“错”或“没提到”）

①《一带一路》是由中央电视台综合频道制作的大型纪录片。（　　）

② 这部纪录片一共有六集。（　　）

③ 这部纪录片讲述的是普通人的普通故事，有很多名人出镜。（　　）

④ 这部纪录片的主线是“丝绸之路经济带”。（　　）

⑤ 这部纪录片用具体的事例说明“一带一路”倡议“不是中国一家的独奏，而是沿线国家的合唱”。（　　）

（2）阅读下列小故事，判断这些故事可能属于哪一集

A《共同命运》　B《互通之路》　C《光明纽带》

D《财富通途》　E《金融互联》　F《筑梦丝路》

（　　）① 13岁的曼娜扎是一名五年级的学生。她的学校位于巴基斯坦北部山区，条件很是简陋，教室里没有照明设施，整个学校只有一只小电灯泡，挂在室外。曼娜

扎每天放学回到家第一件事就是做作业，她需要赶在太阳落山之前做完所有的作业，因为这里电价很高，用电的费用差不多占家庭支出的1/10。电力的匮乏困扰着这个小山村，也困扰着很多发展中国家。后来有家中国企业在曼娜扎家乡附近的河流上建起了一座水电站，曼娜扎和她的家乡再也不用为缺电而发愁了。

（　　）②杨红在重庆工作，她每天的工作内容是将完成装配的笔记本电脑封装入箱。她并不知道，全世界每4台笔记本电脑中就有1台是中国重庆制造的。重庆是全球最大的笔记本电脑生产基地，2019年的产量是6400多万台，很多笔记本电脑销往国外，其中欧洲市场占一半左右。以前重庆出口货物，只能先向东运到上海，再从上海装船运往欧洲，一台笔记本电脑摆在欧洲消费者面前最快也要30多天。而现在，笔记本电脑可以从重庆出发，通过国际铁路货运大通道到达欧洲。虽然这条铁路有上万公里长，但最快只需要10多天时间，笔记本电脑就能跟欧洲消费者见面。

（　　）③亚洲很多国家和地区的基础设施还比较落后。面对亚洲庞大的基础设施投资需求，一个新的构想应运而生。2013年出访印度尼西亚的中国国家主席习近平提出一项重要倡议，筹建亚洲基础设施投资银行（简称“亚投行”），这项倡议得到了很多国家的积极响应。2014年10月，包括中国、印度尼西亚、新加坡等在内的22个首批意向创始成员国在北京签署协议，决定共同筹建亚投行。2015年12月25日，亚洲基础设施投资银行正式成立。亚投行的成员国不仅包括亚洲国家，还包括非洲、南美洲、欧洲等国家。它的建立有利于互联互通，促进各国经济发展。

第四部分：趣味汉语

熟语

谈谈你对下列熟语的理解

- 远亲不如近邻。
- 国之交在于民相亲，民相亲在于心相通。
- 路遥知马力，日久见人心。

第九课　传统中医药的魅力

第一部分：知识银行

（一）常用字

1 欲 yù

形声字，从欠，谷声。现代汉语常用义为：

（1）想要。

“欲速则不达”的意思是“越想快就越难达到目的”。

（2）将要。

“山雨欲来风满楼”的意思是“将要下大雨前一定会刮大风”，表示发生大事前会有一些现象、预兆出现。

（3）欲望。

例：求知欲　权力欲

练习：猜一猜画线词语的意思

（1）好多人报名参加公务员考试，我也跃跃欲试。

（2）我最近身体不好，食欲减退。

2 界 jiè

形声字，从田，介声。本义为“边界”，现代汉语常用义为：

（1）区域的界限。

例：国界　边界

（2）一定的范围。

例：眼界

（3）按职业或性别等划分的人群范围。

例：科学界　教育界

练习：选择合适的词语填空

A 眼界　　B 管界　　C 影视界

（1）这次大会邀请了________著名人士参加。

（2）这个地方属于东城区______。

（3）去国外学习、旅游可以扩大______。

（二）常用书面词语

1 备： 副词，意思是“完全、全部、尽”，表示程度很高，后面常接单音节动词。

（1）看到孩子的成长，父母备感欣慰。

（2）她备尝辛苦，终于过上了幸福的生活。

练习：用“备＋V”改写下列句子

（1）经理称赞我们部门工作效率高，我们受到很大的鼓舞。

____

（2）这些小家电便宜又好用，都非常受欢迎。

____

2 渐： 副词，意思是“逐步、逐渐”，后面常接单音节动词或形容词。

（1）随着天气渐暖，游客渐增。

（2）天色渐黑，我们加快了步伐。

思考：“树叶渐黄，秋意渐浓”是什么意思？

（三）常用格式

1 用……V 而成： 意思是通过某种方式或使用某种材料、工具等使事物发生改变。

（1）乳酪用牛奶发酵而成。

（2）这件衣服是用红、黄、蓝、绿等各种丝线缝制而成的。

练习：用“用……V 而成”改写下列句子

（1）这种面粉是用传统的方法磨制的。

____

（2）一块块石头堆砌成了长城。

____

2 ……有别： 前面通常为双音节词，意思是“有区别、不一样”。

例：男女有别　内外有别　亲疏有别

思考：“一年四季，春温夏热，秋燥冬寒，中药入菜肴也应四季有别”是什么意思？

第二部分：技巧训练

技巧（九）：借助上下文理解句义

汉语中有一类句子，内部小句接小句，小句之间没有明显的关联词语，主语也经常省略。比如：

A：你想不想去香山？

B：太冷了，还有好多作业呢，不想去。

上边的对话中，“太冷了”“还有好多作业呢”“不想去”都省略了主语，如果补全的话，应该是“天气太冷了，我还有好多作业呢，我不想去”。阅读时，需要借助上下文理解句义并理清小句之间的语义关系。

练习：补充小句主语

（1）曾几何时，我们还是牵着妈妈手的小孩子，________不愿意去医院，________害怕打针，每当面对亮闪闪的针头时，________总会大哭大闹，这时医生会想方设法转移我们的注意力，________亲切的态度让我们不再害怕。

（2）看了上面的介绍，________是不是已经跃跃欲试了呢？尽管如此，________还是要提醒您，食用药膳不但要考虑季节，还要因人而异。

第三部分：阅读实践

（一）精读

1 生词学习

1	药膳	yàoshàn	N	配有中药的饭菜或食品。 制作药膳；服用药膳 药膳有着几千年的历史。
2	养生	yǎngshēng	V	保养身体。 养生保健；注意养生；养生专家 步行是最好的养生方法之一。
3	炖	dùn	V	一种烹饪方法，把食物放入锅中，加水烧开后将食物煮到烂熟（多用于肉类）。 炖牛肉；炖熟 炖肉的时候火不能太大。
4	适量	shìliàng	Adj	数量适宜。 适量运动；适量饮水 加入适量的糖，味道会更好。
5	功效	gōngxiào	N	功能，效率。 养生功效；见到功效 喝茶有帮助消化的重要功效。
6	滋润	zīrùn	V	增添水分，使不干枯。 滋润万物；滋润皮肤 春雨滋润着大地。
7	延缓	yánhuǎn	V	延迟，推迟。 延缓衰老；延缓实施 运动有助于延缓衰老。
8	衰老	shuāilǎo	Adj	年老精力衰弱。 逐渐衰老；衰老的容颜 随着年龄的增长，人的身体会逐渐衰老。

9	清肺	qīng fèi		一种中医治疗手段，指清除肺部的火气，把毒物和废物从肺部清理出去。 清肺止咳；清肺的效果 冰糖蒸梨（bīngtáng zhēng lí，steamed pear with rock sugar）是清肺、化痰、止咳的中国传统药膳。
10	诱人	yòurén	Adj	吸引人的。 诱人的美食；诱人的前景 又红又大的苹果散发着诱人的香气。
11	推崇	tuīchóng	V	重视某人的思想、才能、行为、著作、发明等，给以很高的评价。 推崇孔子思想；受到推崇 李白的诗深受后世推崇。
12	烹饪	pēngrèn	V	做菜做饭。 烹饪方法；烹饪学校；烹饪大师 她的业余爱好是阅读、烹饪和旅行。
13	配方	pèifāng	N	指药品、化学制品、冶金产品等的配制方法。 产品配方；秘密配方 这个百年老店有不少独特的秘密配方。
14	粥	zhōu	N	用粮食等食物煮成的半流质食品。 大米粥；煮粥 早餐喝点儿粥对身体有好处。
15	体质	tǐzhì	N	人体的健康水平和对外界的适应能力。 增强体质；体质较差 坚持长跑可以改善体质。
16	延年益寿	yánnián-yìshòu		增加岁数，延长寿命。 坚持锻炼加上合理的饮食可以延年益寿。
17	燥	zào	Adj	干，缺少水分。 天气很燥；秋燥冬寒 北方的秋天有点儿燥。
18	五脏	wǔzàng	N	中医称心（xīn，heart）、肝（gān，liver）、脾（pí，spleen）、肺（fèi，lung）、肾（shèn，kidney）为五脏。 五脏六腑；五脏俱全 人的五脏分为心、肝、脾、肺、肾，人的情绪有喜、怒、思、忧、恐，其中怒伤肝，思伤脾。

19	旺盛	wàngshèng	Adj	生命力强，情绪高涨。 精力旺盛；需求旺盛 这些孩子精力真旺盛。
20	茂盛	màoshèng	Adj	（植物）生长得多而茁壮。 枝叶茂盛；水草茂盛 今年风调雨顺，庄稼长得很茂盛。
21	迟钝	chídùn	Adj	（感官、思想、行动等）反应慢，不灵敏。 反应迟钝；头脑迟钝 年纪大了，反应越来越迟钝。
22	甘	gān		甜，甜美。 味甘；苦尽甘来 夏天可以吃一些甘寒清补的食物。
23	机体	jītǐ	N	具有生命的个体的统称，包括植物和动物。 机体的抗病功能；机体免疫力 这种产品可以补充人体营养，提高机体免疫能力。
24	活跃	huóyuè	Adj	行动活泼而积极，气氛活泼而热烈。 思想活跃；气氛活跃 课堂上，大家积极回答问题，气氛十分活跃。
25	沉静	chénjìng	Adj	（性格、心情、神色）安静，平静；环境寂静。 性格沉静；沉静的夜晚 放学了，校园里渐渐沉静下来。
26	凋谢	diāoxiè	V	（草木花叶）脱落。 花朵凋谢；树木凋谢 这些玫瑰花第二天就凋谢了。
27	跃跃欲试	yuèyuè-yùshì		形容内心急切地想试一试。 汉字大赛即将举行，同学们个个跃跃欲试。

2 热身练习

（1）快速找出本课生词

① 药膳发源于中国传统的饮食和中医食疗文化，是在中医学、烹饪学和营养学理论指导下，严格按药膳配方，将中药与某些食物相配，用独特的烹饪技术制作而成的食品，具有一定的色、香、味、形。

② 春季是万物生发的季节，五脏中肝的活动较为旺盛。

③ 机体已由活跃、外向，转入沉静、内向的阶段。

④ 冬季，气候由凉爽转为寒冷，自然界万物凋谢，阴寒盛，阳气衰。

⑤ 看了上面的介绍，您是不是已经跃跃欲试了呢？

（2）选择合适的词语填空

A 诱人　　B 茂盛　　C 推崇　　D 迟钝　　E 延年益寿

① 看到上面________的美食既能强身健体又能美容保健，您是不是也想尝尝呢？

② 这其实是备受中国人________的药膳。

③ 夏季是一年中天气最热的季节，也是万物生长最________的时节。

④ 夏天多数人食欲减退，脾胃功能较为________。

⑤ 药膳的作用可以概括为以下几个方面：一是预防疾病，增强体质；二是调养身体，康复保健；三是美容抗衰，________。

3 课文：药膳养生

► 第一步：读前思考，读后回答

思考题：

（1）什么是“药膳”？

（2）课文中提到了药膳的几个作用？

（3）四季药膳各有什么特点？

银耳炖木瓜（Stewed Papaya with Tremella）

材料：银耳、木瓜、冰糖、水。

做法：

1. 将银耳用清水泡开，洗净，撕成小块；
2. 木瓜削皮去籽，切成小块；
3. 银耳、木瓜、冰糖一起放入炖锅中；
4. 加适量水炖煮 20 分钟后即可食用。

主要功效：滋润皮肤，延缓衰老，清肺。

1 看到上面诱人的美食既能强身健体又能美容保健，您是不是也想尝尝呢？这其实是备受中国人推崇的药膳。

2 药膳发源于中国传统的饮食和中医食疗文化，是在中医学、烹饪学和营养学理论指导下，严格按药膳配方，将中药与某些食物相配，用独特的烹饪技术制作而成的食品，具有一定的色、香、味、形。药膳主要包括药粥、药茶、药酒、药糖、药菜肴、药糕、药饼等，凡是药物与食物合制而成的保健食品均可称之为药膳。

3 药膳是治疗疾病的辅助手段之一。尽管是膳食，前面加上了“药”字，便不同于普通的“膳”，而是具有医药作用的“膳”。中医认为，药膳主要在以下几个方面具有一定的辅助作用：一是预防疾病，增强体质；二是调养身体，康复保健；三是美容抗衰，延年益寿。

4 既然药膳这么好，是否可以拿来就吃呢？并非如此。一年四季，春温夏热、秋燥冬寒，中药入菜肴也应四季有别。中药入膳如若不分季节，就会进之不当，食之无益，反而有害。

5 春季是万物生发的季节，五脏中肝的活动较为旺盛，故春季应少吃酸味食物，多吃甜食，以助肝气升发。有清肝作用的食物有：莲子（liánzǐ，lotus seed）、木耳、芹菜（qíncài，celery）、小白菜（xiǎobáicài，Chinese cabbage）等。

6 夏季是一年中天气最热的季节，也是万物生长最茂盛的时节。在这个季节里，多数人食欲减退，脾胃功能较为迟钝，故此时的药膳材料宜选择甘寒清补之品，如西瓜、黄瓜、冬瓜（dōngguā，wax gourd）、枸杞（gǒuqǐ，wolfberry）等。

7 秋季，炎暑渐消，到了收获的季节。人体也同样处于收获时期，机体已由活跃、外向，转入沉静、内向的阶段。由于夏季消耗多吸收少，秋季要重视补充营养。秋季制作药膳常选的药物和食物有百合（bǎihé，lily）、柿子（shìzi，persimmon）、梨（lí，pear）、香蕉等。

8 冬季，气候由凉爽转为寒冷，自然界万物凋谢，阴寒盛，阳气衰，故冬季药膳应注意保护阳气。冬季制作药膳常选的药物和食物有人参（rénshēn，ginseng）、牛羊肉、鸡鸭肉等。

9 看了上面的介绍，您是不是已经跃跃欲试了呢？尽管如此，还是要提醒您，食用药膳不但要考虑季节，还要因人而异。每个人的体质不同，选择也有所不同。希望每个人都能够用好药膳，健康养生。

（课文字数：928 字）

本文改编自《药膳对于养生以及美容的作用》，作者聂姝洁

► 第二步：根据课文内容，将下列词语按季节归类

A 气候寒冷 B 万物生长茂盛 C 万物生发 D 食欲减退 E 多吃甜食

F 甘寒清补 G 保护阳气 H 肝活动旺盛 I 炎暑渐消 J 收获

K 人参 L 莲子 M 百合 N 冬瓜 O 牛羊肉 P 香蕉 Q 黄瓜

春	
夏	
秋	
冬	

► 第三步：句义理解（解释下列句子的画线部分）

（1）既然药膳这么好，是否可以拿来就吃呢？并非如此。（第 4 段）

（2）中药入膳如若不分季节，就会进之不当，食之无益，反而有害。（第 4 段）

（3）夏季多数人食欲减退，脾胃功能较为迟钝，故此时的药膳材料宜选择甘寒清补之品。（第 6 段）

► 第四步：词义理解

（1）仿照例子，将加点儿单音节词双音节化

例：延年益寿：延长 寿命

美容抗衰：______ ______

炎暑渐消：______ ______

（2）说出与画线书面词语对应的口头表达形式

① 将银耳用清水泡开，洗净，撕成小块。

② 银耳、木瓜、冰糖一起放入炖锅中。

③ 加适量水炖煮 20 分钟后即可食用。

④ 凡是药物与食物合制而成的保健食品均可称之为药膳。

⑤ 前面加上了"药"字，便不同于普通的"膳"。

⑥ 故春季应少吃酸味食物，多吃甜食，以助肝气升发。

► **第五步：朗读课文**

（二）泛读

---

1 望、闻、问、切是中医诊断疾病的四种基本方法，这是在长期的医疗实践中形成的，距今至少有2000年的历史了。望、闻、问、切，也称"四诊"，即望诊、闻诊、问诊、切诊。

2 望诊，就是医生观察病人的精神以及全身或局部的色、形、态的变化。进行望诊时，医生会特别注意病人的五官（目、耳、口、鼻、舌）：看眼睛是否有神，鼻子是否有鼻炎，鼻涕颜色是黄色还是白色，舌头是否过红，舌苔是否过厚，舌苔颜色是白还是黄，等等。其实我们平时也可以自己给自己"望诊"。如果发现舌苔又白又厚，很有可能是体内湿气过重，这时可以喝些红豆水、绿豆水祛湿；如果发现舌苔又黄又厚，则很有可能是消化不良引起的，这时可以吃得清淡一些，多吃一些新鲜的蔬菜水果。

3 闻诊，即医生通过听觉和嗅觉感知病人声音的变化和气味的变化等。例如听病人的说话声音、咳嗽、喘息，嗅病人是否有口臭、体臭等异常气味。

生词：

1. 诊断 zhěnduàn V
   to diagnose
2. 五官 wǔguān N
   the five sense organs
3. 鼻涕 bítì N
   nasal mucus
4. 舌苔 shétāi N
   tongue coating
5. 湿气 shīqì N
   (body) moisture
6. 祛湿 qū shī
   to dispel dampness
7. 嗅觉 xiùjué N
   sense of smell
8. 喘息 chuǎnxī V
   to gasp; to breathe
9. 臭 chòu Adj
   odor

4 问诊，是医生询问病人，了解疾病的产生和发展过程。有关疾病发生的时间、经过、原因，患者的既往病史、家族病史、治疗经历、病痛所在，以及生活习惯、饮食爱好等与疾病有关的情况，均要通过问诊才能了解清楚。因而问诊是了解病情和病史的重要方法之一，在四诊中占有重要地位。

5 切诊是指切脉和按诊，即医生通过按病人的脉搏和接触病人的皮肤、手、腹部、四肢及其他部位来诊断疾病。

6 中医基本上就是用这四种方法给病人看病的。最早运用中医四诊法的是春秋战国时期的名医扁鹊。扁鹊把古代劳动人民长期同疾病做斗争的许多方法加以总结，丰富了中国的医学理论，奠定了中医临床诊断和治疗方法的基础。望、闻、问、切各有其独特作用，不能互相取代。但在临床应用时，必须将它们有机地结合起来，这样才能够全面地了解病情，做出正确的诊断。即使在医疗手段迅速发展的今天，中医仍然有其特殊的价值，在人们的生活中发挥着重要作用。

（课文字数：742字）

10. 既往 jìwǎng N past

11. 家族 jiāzú N family

12. 切脉 qièmài V to feel the pulse

13. 按诊 àn zhěn to palpate

14. 腹部 fùbù abdomen

15. 四肢 sìzhī N four limbs; arms and legs

16. 扁鹊 Biǎnquè PN Bian Que, a famous ancient Chinese doctor

17. 临床 línchuáng V clinical

1 根据内容，为课文添加一个合适的标题

2 根据课文内容，回答问题

（1）什么是“望、闻、问、切”？

（2）舌苔又黄又厚有可能是什么原因造成的？应该怎么解决？

（3）望、闻、问、切在临床上如何应用？是否可以相互取代？

3 根据课文内容，完成下表

A 按病人的脉搏

B 了解病人的家族病史

C 接触病人的皮肤

D 听病人咳嗽的声音

E 看病人是否有精神

F 闻病人是否有口臭

G 看病人的鼻涕是什么颜色

望	
闻	
问	
切	

（三）实况阅读

药品说明书

【通用名称】大山楂丸。

【功能主治】本品用于食积内停所致的食欲不振、消化不良。

【用法用量】口服。一次 1 丸，一日 3 次；小儿酌减。

【剂型】大蜜丸。

【不良反应】尚不明确。

【禁忌】尚不明确。

【注意事项】

1. 饮食宜清淡，忌酒及辛辣、生冷、油腻食物。
2. 不宜在服药期间同时服用滋补性中药。
3. 脾胃虚弱、无积滞而食欲不振者不适用。
4. 有高血压、心脏病、肝病、糖尿病、肾病等慢性病者应在医师指导下服用。
5. 儿童、孕妇、哺乳期妇女、年老体弱者应在医师指导下服用。
6. 服药 3 天症状无缓解，应去医院就诊。
7. 对本品过敏者禁用，过敏体质者慎用。

8. 本品性状发生改变时禁止服用。

9. 儿童必须在成人监护下服用。

10. 请将本品放在儿童接触不到的地方。

11. 如正在使用其他药品，使用本品前请咨询医师或药师。

【成分】本品主要成分为六神曲、麦芽、山楂。

【性状】本品为棕红色或褐色的大蜜丸，味酸甜。

【药物相互作用】如与其他药物同时使用可能会发生药物相互作用，详情请咨询医师或药师。

（1）判断下列做法是否合适，合适的在括号内画“√”，不合适的在括号内画“×”并说明原因

① 张老师5岁的女儿消化不好，总是不爱吃饭，张老师经常去药店买这种大山楂丸给女儿吃，女儿很喜欢吃。(　　)	② 老路最近消化不太好，买了两盒大山楂丸（每盒10丸），吃完后没有什么效果，他打算再买两盒接着吃。(　　)
③ 小王在服用大山楂丸期间，赶上公司员工聚会，小王跟同事一起喝了不少酒。(　　)	④ 李经理这些天没有食欲，他昨天买了一盒大山楂丸，早、中、晚各吃了1丸。(　　)

（2）根据课文内容，回答问题

① 大山楂丸的味道怎么样？

② 江女士怀孕了，她感到没有食欲时能不能服用大山楂丸？

③ 马先生8岁的儿子胃口很好，能不能每天吃大山楂丸？

④ 服用大山楂丸期间在饮食方面有什么需要注意的？

⑤ 大山楂丸能不能跟其他补药一起服用？

第四部分：趣味汉语

熟语

谈谈你对下列熟语的理解

- 药补不如食补。
- 是药三分毒。
- 良药苦口利于病，忠言逆耳利于行。

第十课　名家名作欣赏

第一部分：知识银行

（一）常用字

1　然　rán 

形声字，从火，肰（rán）声。本义为“燃烧”，现代汉语中可用作指示代词，意思是“如此、这样、那样”，也常用作副词或形容词后缀。

例：知其<u>然</u>

突<u>然</u>　忽<u>然</u>　必<u>然</u>

练习：选择合适的词语填空

A 公然　　B 偶然　　C 尽然

（1）成功一定不是________的，要经过艰苦的努力。

（2）这家商店________卖假货，受到了严惩。

（3）你以为他说的都是事实？不________吧。

2　想　xiǎng 

形声字，从心，相声。本义为“想象”，后来引申为“推测、认为”“希望、打算”“怀念、想念”以及“回忆”等。

（1）我想他今天不会来了。（认为）

（2）我想去西安玩儿。（希望、打算）

（3）在国外留学的时候，我很想家。（想念）

（4）他叫什么名字？我想不起来了。（回忆）

练习：选择合适的词语填空，并说明其中的“想”是什么意思

A 预想　B 空想　C 联想　D 日思夜想

（1）一提起杭州，人们就会________到西湖。

（2）如果只说不做，一切都只是________。

（3）最终成绩比她之前________的好。

（4）三十年以后，他终于回到了________的故乡。

（二）常用书面词语

1 曾：副词，表示从前有过某种行为或情况，与“曾经”同义，例如：“多年前，我曾/曾经来过中国。”“曾”还可以跟其他词语组成固定搭配，例如：曾几何时、似曾相识。

练习：选择合适的词语填空

A 不曾　B 似曾相识　C 曾几何时

（1）________，这里是一片沙漠，现在已经绿草如茵。

（2）我跟他________，但我想不起来什么时候见过他。

（3）在我的记忆中，奶奶总是笑眯眯的，我从________见她跟谁生过气、红过脸。

2 异常：可做形容词，意思是“与平常不同”；也可做副词，意思是“非常、特别”。

（1）上次体检没有发现什么异常。

（2）这里的冬天异常寒冷。

思考：“雨过天晴，空气异常清新”中的“异常”是什么意思？

（三）常用格式

1 好不……：常与双音节形容词搭配，表示程度深，并带有感叹的语气。“好不”可以

换用为“好”，如“好不热闹”和“好热闹”的意思都是“很热闹”，是肯定的。但是跟“容易”搭配时，“好不容易”跟“好容易”都是“很不容易”的意思。

（1）晚饭后，大家坐在一起谈天说地，好（不）热闹。

（2）这么多作业，我好（不）容易才做完。

练习：根据所给情景，用“好不……”说一句话

（1）情景1：她考上了理想的大学，开心极了。

____

（2）情景2：他花了好大力气才找到工作。

____

2 有……之势：“势”表示呈现出的某种趋向，“之”是助词，意思是“的”。

大浪一个接一个涌来，有排山倒海之势。

练习：说说下面句子的意思

小小一件乐器，演奏起来却有千军万马之势。

第二部分：技巧训练

技巧（十）：借助指示语理解句间逻辑关系

在阅读过程中，可以根据指示语把握句子之间、段落之间的逻辑关系。汉语篇章中的指示语很丰富，主要类型有：

表示顺序的：第一、第二、最初、后来、先、然后、接着、最后、首先、其次等。

表示补充的：此外、除此之外、再有、还有、另外、再加上等。

表示解释、重述的：这就是说、那就是说、也就是说、换句话说、换言之、即等。

表示举例的：如、比如、例如、诸如、正如、拿……来说、以……为例等。

表示承接的：这下儿、这样一来等。

表示范围的：关于……、从……方面/角度来说、一方面……另一方面……、就……而言等。

表示比喻的：像……一样、好像、好比、打个比方说等。

表示对比的：与此相反、反之等。

表示引用的：正如……所说的、照……的话说等。

表示总结的：总之、总而言之、综上所述、一言以蔽之等。

复句中的关联词语也可以指示句子之间的关系，比如："因为"后面接的是原因，"但是"后面的句子跟前面的句子之间具有转折关系，等等。

练习：选择合适的句子填空

________________。你明知道躺在床上睡懒觉更舒服，但还是会一早就起床；你明知道什么都不做比较轻松，但依旧选择追逐梦想。这就是生活，你必须坚持下去。

根据这段话的内容及加点儿词语，最适合出现在横线上的句子是：

A 舒服的过程能够真正让人变得更好

B 没有人会喜欢让人感到不舒服的过程

C 真正让人变好的选择，过程都会很舒服

D 真正让人变好的选择，过程都不会很舒服

第三部分：阅读实践

（一）精读

1 生词学习

1	故乡	gùxiāng	N	出生或长期居住过的地方，家乡，老家。 我的故乡；思念故乡 她的故乡是一个美丽的小城。
2	孤零零	gūlínglíng	Adj	形容孤单，无依无靠或没有陪衬。 孤零零一个人；孤零零地站着 李奶奶一个人生活，孤零零的。
3	未免	wèimiǎn	Adv	不能不说是……（常用来表达不满）；不免，免不了。 让她演中学生？她年龄未免太大了吧。 考试时每个人都未免会有点儿紧张。
4	陪衬	péichèn	N	陪衬的事物。 作为陪衬；成为陪衬 她是主角，我是陪衬。

			V	附加其他事物使主要事物更突出，衬托。 有绿叶陪衬着，花儿更加美丽。
5	不可胜数	bùkě-shèngshǔ		胜：尽。形容数量多，数不过来。 我们身边的好人好事不可胜数。 各种网店多得不可胜数。
6	幻想	huànxiǎng	V	想象没有实现或无法实现的事。 幻想未来；幻想飞到太空 我常常幻想着能够回到过去。
			N	幻想出的情景。 美丽的幻想；充满幻想 她的作品充满幻想。
7	柱子	zhùzi	N	建筑物中用来起支撑作用的直立的长条形构件。 一根柱子；木头柱子 大象的腿像四根大柱子。
8	顶天立地	dǐngtiān-lìdì		形容形象高大，气概豪迈。 在儿子心里，爸爸是个顶天立地的男子汉。
9	威风	wēifēng	Adj	形容有气势、有威严。 格外威风；好不威风 仪仗队（yízhàngduì，guard of honor）看起来很威风。
			N	使人敬畏的声势或气派。 耍威风；威风凛凛 新来的经理爱在职员面前耍威风。
10	恍然大悟	huǎngrán-dàwù		突然明白过来。 听了他的说明，我才恍然大悟。
11	徘徊	páihuái	V	在一个地方来回地走。 独自徘徊；在门口徘徊 她在门口徘徊了很久，不知道到底该不该进去。
12	苇坑	wěikēng		生长芦苇（lúwěi，reed）的池塘（chítáng，pond）。 一个苇坑；大苇坑 村边有几个苇坑。
	坑	kēng	N	地面凹下去的地方。 大坑；水坑
13	气派	qìpài	N	人的态度作风或某些事物所表现出的气势。 有气派；气派非凡 这座新建的大楼很有气派。

				神气，有精神。
			Adj	很气派；颇为气派 你穿这身服装，真气派！
14	烟波浩渺	yānbō hàomiǎo		浩渺：形容水面辽阔。江湖水面满是烟雾、广阔无边的样子。 烟波浩渺的湖面上升起了一轮明月。
15	篝火	gōuhuǒ	N	指在空旷处或野外架木柴燃烧的火堆。 明亮的篝火；熊熊篝火 大家在明亮的篝火旁聚餐。
16	知了	zhīliǎo	N	一种昆虫，因叫的声音像“知了”而得名。 一只知了；知了的叫声 外边很安静，只能偶尔听到一两声知了的叫声。
17	嚼烂	jiáolàn		用牙磨碎食物。 嚼烂的食物；嚼烂的谷子 吃东西要尽量嚼烂，这样有助于消化。
18	麦粒	màilì		麦子的颗粒。 一颗麦粒；用麦粒煮粥 妈妈煮的麦粒粥特别香。
19	粘	zhān	V	用黏（nián，sticky）的东西将物件连接起来。 粘起来；粘住 她用胶带（jiāodài，adhesive tape）把信封口儿粘好了。
20	乐此不疲	lècǐ-bùpí		因喜欢做某事而不感觉累。 朋友有困难时，他总是主动帮忙，而且乐此不疲。
21	黄昏	huánghūn	N	日落后天还没完全黑的这段时间。 黄昏的时候；从清晨到黄昏 她喜欢黄昏时在河边散步。
22	离乡背井	líxiāng-bèijǐng		离开了故乡，在外地生活（多指在不得已的情况下），也说“背井离乡”。 战争使很多人离乡背井。
23	漂泊	piāobó	V	比喻生活不安定，像物体在水中随水漂流，居无定所。 到处漂泊；漂泊在外 他习惯了漂泊的生活。

24	天涯	tiānyá	N	天边，比喻极远的地方。 天涯海角；走遍天涯 即使远在天涯，我也不会忘记我的故乡。
25	旖旎	yǐnǐ	Adj	（风景）柔和美好。 风光旖旎；旖旎的风景 海南岛风光旖旎，景色如画。
26	无垠	wúyín	V	没有边际。 一望无垠；宽广无垠 这片大草原一望无垠。
27	碧波万顷	bìbō-wànqǐng		形容水面一片碧绿，广阔无际。 船在碧波万顷的大海上航行。
	碧波	bìbō	N	碧绿色的水波。 微风吹来，湖面上碧波荡漾（dàngyàng, to ripple）。
28	巍峨雄奇	wēi'é-xióngqí		形容山或建筑物高大雄伟、壮观奇特的样子。 巍峨雄奇的黄山吸引了无数游客。
29	美妙绝伦	měimiào juélún		形容风景等美好、独一无二，没有可以相比的。 远处的景色像一幅美妙绝伦的画儿。

专有名词

1	苏东坡	Sū Dōngpō	PN	宋代著名文学家。
2	洞庭湖	Dòngtíng Hú	PN	位于湖南省北部、长江南岸的中国第二大淡水湖。
3	瑞士	Ruìshì	PN	国名，Switzerland。
4	莱芒湖	Láimáng Hú	PN	即“日内瓦湖”，是阿尔卑斯山湖群中最大的一个。

2 热身练习

（1）将生词和对应的图片连接起来

柱子　　篝火　　苇坑　　知了

（2）快速找出本课生词

① 如果只有孤零零一个月亮，未免显得有点儿孤单。

② 在中国古代诗文中，总有什么东西给月亮当陪衬，最多的是山和水，比如“山高月小”“三潭印月”，不可胜数。

③ 我曾幻想，山大概是一个圆而粗的柱子吧，顶天立地，好不威风。

④ 我在故乡只待了六年，以后就离乡背井，漂泊天涯。

⑤ 看到它们，我立刻就会想到故乡苇坑上面和水中的那个小月亮。

3 课文：月是故乡明（节选）[1]

▶ 第一步：读前思考，读后回答

思考题：

（1）作者最喜欢哪里的月亮？

（2）作者故乡的月亮跟山有关，还是跟水有关？

（3）作者拿哪些地方的月亮和故乡的月亮做对比？

1 每个人都有个故乡，每个人的故乡都有个月亮。人人都爱自己故乡的月亮。

2 但是，如果只有孤零零一个月亮，未免显得有点儿孤单。__（1）__，在中国古代诗文中，总有什么东西给月亮当陪衬，最多的是山和水，比如“山高月小”、“三潭印月”(Three Pools Mirroring the Moon)，不可胜数。我的故乡是在山东西北部的大平原上。我小的时候，从来没有见过山，也不知山为何物。我曾幻想，山大概是一个圆而粗的柱子吧，顶天立地，好不威风。后来到了济南，才见到山，恍然大悟：山原来是这个样子啊！因此，我在故乡望月，从来不同山联系。像苏东坡说的“月出于东山之上，徘徊于斗牛[2]之间”，完全是我无法想象的。

3 至于水，我故乡的小村子里却到处都是。几个大苇坑占了村子面积的一多半。在我这个小孩子眼中，虽不能像洞庭湖“八月湖水平”那样有气派，__（2）__也颇

---

1 本文作者季羡林，选作课文时有改动。

2 斗牛：dǒuniú，二十八宿中的斗宿和牛宿，常用于借指天空。It refers to the Douxiu and Niuxiu, two of the 28 lunar mansions, often used to refer to the sky.

有烟波浩渺之势。到了夏天，黄昏后，我躺在坑边场院的地上，数天上的星星。有时候在古柳下面点起篝火，然后上树一摇，成群的知了飞落下来，比白天用嚼烂的麦粒去粘要容易得多。我天天晚上乐此不疲，天天盼望黄昏早早来临。

4 我在故乡只待了六年，以后就离乡背井，漂泊天涯。在济南住了十多年，在北京度过四年，＿（3）＿回到济南待了一年，然后在欧洲住了近十一年，又回到北京，到现在已经四十多年了。在这期间，我曾到过将近三十个国家，看到过许许多多的月亮。在风光旖旎的瑞士莱芒湖上，在无边无垠的非洲大沙漠中，在碧波万顷的大海中，在巍峨雄奇的高山上，我＿（4）＿看到过月亮。这些月亮应该说都是美妙绝伦的，我都非常喜欢。但是，看到它们，我立刻就会想到故乡苇坑上面和水中的那个小月亮。对比之下，我感到这些广阔世界的大月亮，无论如何比不上我那心爱的小月亮。不管我离开故乡多远，我的心立刻就飞回去了。我的小月亮，我永远忘不掉你！

5 月是故乡明，我什么时候能够再看到故乡的月亮啊！

6 我怅望南天，心飞向故里。

（课文字数：762 字）

► 第二步：根据课文内容排序

A 作者的故乡有很多水。

B 比起广阔世界的大月亮，作者更爱故乡的小月亮。

C 作者常常见月思乡。

D 每个人都爱自己故乡的月亮。

E 作者希望回到故乡，希望再见故乡的月亮。

F 在中国古代诗文中，月亮常常有山和水当陪衬。

G 作者的故乡几乎见不到山。

H 在故乡的苇坑边赏月特别美。

正确顺序：＿＿＿＿＿＿＿＿＿＿＿＿

► 第三步：句义理解

（1）判断对下列句子的理解与原文是否一致

① 如果只有孤零零一个月亮，未免显得有点儿孤单。（第 2 段）

理解：虽然只有一个月亮，但是感觉并不孤单。

（一致□ 不一致□）

② 在中国古代诗文中，总有什么东西给月亮当陪衬，最多的是山和水……（第 2 段）

理解：在中国古代诗文中，描写月亮的诗句中最常出现山和水。

（一致□ 不一致□）

③ 我曾幻想，山大概是一个圆而粗的柱子吧，顶天立地，好不威风。（第 2 段）

理解：以前“我”想象的山的样子像个又圆又粗的柱子，顶天立地，非常威风。

（一致□ 不一致□）

④ 我天天晚上乐此不疲，天天盼望黄昏早早来临。（第 3 段）

理解：“我”每天晚上虽然觉得很累，但是很快乐，所以希望晚上快点儿来。

（一致□ 不一致□）

⑤ 对比之下，我感到这些广阔世界的大月亮，无论如何比不上我那心爱的小月亮。（第 4 段）

理解：在作者看来，故乡的月亮是其他任何地方的月亮都比不了的。

（一致□ 不一致□）

（2）文末的“我怅望南天，心飞向故里”是什么意思？表达了作者什么样的感情？

► 第四步：词义理解

（1）在文中第 4 段找出湖水、沙漠、大海、高山的修饰语

湖水	
沙漠	
大海	
高山	

（2）从文中找出描写月亮的词语，说说这些词语表达了作者什么样的感情

____

____

► 第五步：朗读课文，并在文中画线处填写合适的词语

（二）泛读

季羡林：不完满的才是人生

1　季羡林先生的一生是漫长的，几乎跨越了整个20世纪。

2　20世纪在中国数千年的历史中，无疑是一个重要的转折点。在这100年中，中国这个古老国家由贫弱走向小康，由混乱走向统一，由任人宰割走向独立自主，中国发生了历史性的巨变。这个转变过程充满着希望、激情、梦想与信心；同时，也充满着失望、迷惘、混乱与幻灭。

3　这是一段激情燃烧的岁月，这是一段痛苦悲怆的历史，季羡林先生亲历了这段历史中的绝大部分事件，并做出了自己的选择。这是一个正直的中国文化人肩负着民族与文化的双重重任走过的一条崎岖的道路。季羡林先生一生的经历，是值得回忆的。因其不但具有独特的人格魅力，而且带有普遍性。

4　季羡林是从一个农民的儿子成长为一代学术大师的，这个经历非同寻常，很有吸引力。但我后来才明白，季羡林的不寻常之处恰恰就在于他的"平常"，而不是什么"传奇色彩"。

5　他衣着平常，永远穿一身洗旧了的中山装；他说话平常，话语不多，但他说的句句是真话、

生词：

1. 跨越　kuàyuè　V
   to span; to straddle
2. 混乱　hùnluàn　Adj
   chaotic
3. 任人宰割
   rènrén-zǎigē
   to be partitioned by others at will
4. 激情　jīqíng　N
   enthusiasm
5. 迷惘　míwǎng　Adj
   confused; puzzled
6. 幻灭　huànmiè　V
   to be disillusioned
7. 悲怆　bēichuàng　Adj
   sorrowful
8. 崎岖　qíqū　Adj
   rugged
9. 人格　réngé　N
   personality
10. 非同寻常
    fēitóngxúncháng
    unusual
11. 传奇　chuánqí　N
    legend
12. 中山装
    zhōngshānzhuāng　N
    Chinese tunic suit

实话；他写文章质朴，像在与读者谈心，平易近人，娓娓道来。他说他留学的动机只是为“镀金”，回国后好“抢到一只饭碗”。别的冠冕堂皇的话，他没有，也不会说。

6 他是爱国的。他认为，一个人不但要爱国，还要爱人类、爱生命、爱自然。他说：“人活着不是为了吃饭，而是为了工作。”他每活一天，就工作一天，为人类多做一点儿贡献。他对中国和世界的未来充满希望，从不悲观；他对人类和万物充满爱心，这种爱心发自内心深处，却包容整个世界和宇宙。

7 不知道哪位哲人曾经说过：“伟大来自平凡。”这个平凡的真理，我是从季羡林身上醒悟到的。季羡林被称为“中国知识分子的代表”，他还是中国知识分子的一面旗帜和一个榜样。他为发扬和推动中华文化的发展做出了巨大的贡献，不愧是“中国的脊梁”。

（课文字数：711 字）

本文改编自《湖南日报》2019 年 8 月 23 日文章《季羡林：不完满的才是人生》，作者张光璘

13. 质朴 zhìpǔ Adj
plain; simple and unadorned
14. 平易近人
píngyì-jìnrén amiable and easy-going
15. 娓娓道来
wěiwěidàolái
to talk continuously and pleasantly
16. 镀金 dù//jīn VO
to gild (used figuratively to mean that one pursues further studies only for the sake of fame and wealth)
17. 冠冕堂皇
guānmiǎn-tánghuáng
dignified in form but insincere in substance
18. 宇宙 yǔzhòu N
universe
19. 哲人 zhérén N
philosopher
20. 醒悟 xǐngwù V
to come to realize (the truth, one's error, etc.)
21. 旗帜 qízhì N
flag
22. 榜样 bǎngyàng N
role model
23. 不愧 búkuì Adv
deserving to be called; worthy of
24. 脊梁 jǐliáng N
backbone; spine

1 根据课文内容，选择正确答案（多选）

（1）20 世纪初的中国＿＿＿＿＿＿＿＿；后来中国走向＿＿＿＿＿＿＿＿

A 统一　　B 小康　　C 混乱

D 贫弱　　E 任人宰割　　F 独立自主

（2）季羡林的特点包括：

A 正直　　B 平易近人　　C 冠冕堂皇　　D 充满爱心

2 根据课文内容，回答问题

（1）为什么作者认为季羡林先生一生的经历是值得回忆的？

（2）季羡林先生的“平常”体现在哪些方面？

（3）如何理解“伟大来自平凡”？

（三）实况阅读

雨巷(xiàng)

戴望舒

撑(chēng)着油纸伞，独自
彷徨(pánghuáng)在悠长，悠长
又寂寥(jìliáo)的雨巷，
我希望逢(féng)着
一个丁香一样的
结着愁怨(chóuyuàn)的姑娘。

她是有
丁香一样的颜色，
丁香一样的芬芳(fēnfāng)，
丁香一样的忧愁，

āiyuàn
在雨中哀怨，
哀怨又彷徨；

她彷徨在这寂寥的雨巷，
撑着油纸伞
像我一样，
像我一样地
chìchù
默默彳亍着，
qīqīng chóuchàng
冷漠，凄清，又惆怅。

她静默地走近
走近，又投出
太息一般的眼光，
她飘过
像梦一般的，
qīwǎn mímáng
像梦一般的凄婉迷茫。

像梦中飘过
一枝丁香的，
我身旁飘过这女郎；
她静默地远了，远了，
tuípǐ lí
到了颓圮的篱墙，
走尽这雨巷。

在雨的哀曲里，
消了她的颜色，
散了她的芬芳，
消散了，甚至她的
太息般的眼光，
丁香般的惆怅。

撑着油纸伞，独自
彷徨在悠长，悠长
又寂寥的雨巷，
我希望飘过
一个丁香一样的
结着愁怨的姑娘。

（该诗创作于 1927 年）

生词：

1	雨巷	yǔxiàng	rainy alley
2	撑	chēng	to hold (an umbrella)
3	油纸伞	yóuzhǐsǎn	oil paper umbrella
4	彷徨	pánghuáng	to wander
5	寂寥	jìliáo	solitary
6	逢	féng	to meet; to come upon
7	丁香	dīngxiāng	lilac
8	愁怨	chóuyuàn	sorrow and resentment
9	芬芳	fēnfāng	fragrance
10	哀怨	āiyuàn	plaintive; sorrowful
11	默默	mòmò	silently
12	彳亍	chìchù	to walk slowly
13	凄清	qīqīng	chilly and dreary
14	惆怅	chóuchàng	disconsolate
15	太息	tàixī	to heave a deep sigh
16	凄婉	qīwǎn	plaintive; sad and mild
17	迷茫	mímáng	vast and hazy
18	女郎	nǚláng	young woman; girl

19	颓圮	tuípǐ	(of a wall, house, etc.) to collapse; to topple down
20	篱墙	líqiáng	fence
21	哀曲	āiqǔ	elegy

（1）回答问题

①《雨巷》让人感受到什么样的心情？

A 愉快的　　B 紧张的　　C 惆怅的　　D 害怕的

②下列选项是诗歌中的常见意象，哪一项在《雨巷》中没有出现？

A 雨　　B 风　　C 丁香　　D 姑娘

③你喜欢这首诗吗？为什么？

（2）给这首诗配一幅图

第四部分：趣味汉语

熟语

谈谈你对下列熟语的理解

- 树高千丈，叶落归根。
- 每逢佳节倍思亲。
- 但愿人长久，千里共婵娟。

阶段测试（二）

第一部分

第 1 ～ 10 题：选出有语病的一项

1. A 近年来，随着生活水平提高了，饲养猫、狗等宠物的家庭越来越多。
   B 你发现了吗？这个农历牛年没有“大年三十”，除夕对应的是腊月二十九那一天。
   C 相比夏季奥运会，冬季奥运会有更多的比赛项目在户外进行，所以受天气影响更大。
   D 树是世界上最古老的物种之一，已存在于世至少 3.85 亿年了，而智人的历史才不过 30 余万年。

2. A 与无际的太空相比，人类对深海的了解还远远不够。
   B 汽车维修技术可以保障汽车安全运行，而是保障人们的出行安全。
   C 生物可为人类生存提供必不可少的食物、氧气，每一个物种都是生态系统的重要组成部分。
   D 在地球上行进需要遵守交通规则，在太空中也是如此，有关太空的科学探索应该在一定的规则框架内进行。

3. A “乡愁”在文学创作上是个永恒的主题，有着无限的艺术表达空间。
   B 老年大学活动室里，伴随一曲《我们的生活充满阳光》，身着红裙的大妈们纷纷起舞。
   C 春节又要到了，各类商超、店铺都开启了促销模式，每年这个时候我们公司也就越加忙碌。
   D 其实这条裙子的颜色并不合适我，但它的款式实在是太合我的心意了，所以我还是忍不住把它买了回来。

4. A 从某种意义上说，中医药的历史就是中华民族的发展史。

B 随着人们日益增长的物质需求与汽车业的蓬勃发展，汽车造型设计越来越受到人们的关注。

C 古今中外，多少名人大家以他们的实际行动告诉我们：读书真的很重要，读书的好处真的非常多。

D 大力推动开展新能源的开发能促进我国经济的可持续发展，并对能源安全和生态文明的建设重大意义。

5. A 他用半开玩笑的语气轻松愉快地结束了这场对话。

B 近年来，中国各地博物馆数量增加大幅，去博物馆参观的人数也日益增多。

C 春分这天，地球上大部分地区的人们都会看到太阳从正东方向升起、正西方向落下。

D 拉林铁路的开通，不但方便了群众出行，而且带动了就业创业，促进了产业发展。

6. A 即使她已经知错了，那么你应该给她一个改过自新的机会。

B 长城是中国古人智慧的结晶，是古代人类建筑史上的一大奇迹。

C 世界上大多数国家都以首都所在时区的区时作为整个国家的标准时间。

D 经过艰苦努力，中国以占世界 9% 的耕地、6% 的淡水资源，养育了世界近 1/5 的人口。

7. A 人体各个器官和组织会逐渐衰老，而运动能增强细胞活力，延缓衰老。

B 元宵节是中国的主要传统节日之一，也称为元夕、元夜、上元节，因为这是新年第一个有圆月的日子。

C 早上，胃肠经过一夜的休息，功能尚在恢复中，因此最佳选择酸性不太强、涩味不太浓的水果。

D 经过 20 多年的奋斗，他终于圆了自己的创业梦，不但自己事业有成，而且带领着同乡一起发财致富。

8. A 我的家乡享有“水果村”的美誉，是乡村旅游的好去处。

B 到近郊的农场、采摘园去采摘鲜果，成了市民周末出游的又一热门选择。

C 深圳是充满活力、包容性很强的花园城市，来自四面八方的人们汇聚到这里。

D 汉字是华夏先民伟大创造的，是中华文化的重要载体，具有鲜明的地域特征和民族特征。

9. A 互联网不但使你随时可以跟朋友互动，和使你与他人实现资源共享。

B 作为佛山的市树，目前仅在禅城区种植的白兰树就达4000多棵。

C 大海中的海藻，不仅是海洋里各种水生生物的天然食物，也是畜禽动物的美味佳肴。

D 据统计，2021年云南省出口水果和干坚果量达107.9万吨，居全国第一位，出口额达121亿元。

10. A 进入21世纪以来，作为数字经济的一部分，游戏产业高速发展。

B 中国是世界上老年人口规模最大的之一国家，也是世界上老龄化速度最快的之一国家。

C 喝茶可以帮助人们提高记忆力，因为茶叶中含有的茶多酚具有增强记忆力的作用。

D 近年来，随着人们对自然的关注度越来越高，各种相关图书不断涌现，其中不乏精品。

第二部分

第11～20题：选择一组合适的词语填空

11. 孔子非常________教育，他把教育、人口和财富作为立国的三大要素。他认为老百姓应该受教育，知识和道德都是要靠学习________出来的，教育是形成人的个体差异的重要________，因而他说："性相近也，习相远也。"他的"有教无类"主张，也是从"性相近"的思想源出的。

A 热爱　练习　途径　　B 喜爱　训练　结果

C 重视　培养　原因　　D 尊重　积累　经过

12. 中国是野生植物种类最________的国家之一，________高等植物就达3.6万余种，其中特有种高达1.5万至1.8万种，约________中国高等植物总数的50%。

A 富有　只　有　　　B 丰富　仅　占
C 充分　而　达　　　D 满足　且　即

13. 提出问题往往比解决问题更重要，________解决问题也许仅仅是数学上或实验上的技能而已，而提出新的问题、新的可能性，从新的________看旧的问题，都________有创造力和想象力。

A 因为　角度　需要　　　B 由于　方法　需求
C 因此　理论　建议　　　D 所以　结构　提倡

14. 几经波折，直到两年前她的第一本书才________问世。书中________了一个母亲为了家庭在苦难中挣扎求生的故事，________了历史变革中无数普通中国人的坚韧与美好。

A 竟然　写作　比喻　　　B 频频　倾听　反映
C 逐渐　表达　综合　　　D 终于　讲述　展现

15. 每个人都有自己的生活方式，贫穷还是________并不是问题的关键，重要的是这种生活方式是否________自己。生活就________穿鞋，合脚才是最重要的。我很________于生活赐予我的这双"鞋"。

A 富裕　适合　好比　满足　　　B 富足　适当　好像　幸运
C 艰难　符合　似乎　欢乐　　　D 艰辛　恰当　比喻　挑战

16. 由于大熊猫名字中带有"猫"，很多人就将它与猫科动物联系起来。但研究________，大熊猫和猫科动物并不________很近的亲缘关系。那应如何将大熊猫分类？大熊猫究竟________"大熊猫科"还是"熊科"呢？随着近年来研究的深入，"大熊猫归于熊科"这一分类________得到国际学术界的广泛认可。

A 表示　占据　按照　成果　　　B 显示　占有　包含　标准
C 证明　生存　根据　过程　　　D 表明　存在　属于　结论

17. 在东方文化中，老虎是百兽之王，其额头上"王"字形花纹就是最醒目的________，"山中无老虎，猴子称大王"等________也是佐证。而在西方，兽王是凶猛的狮子，动画电影《狮子王》更是将这一认知________到世界各地。那么老虎和狮子，________谁才是兽王呢？

A 象征　观点　宣传　彻底　　B 代表　主张　分散　终究
C 标识　俗语　传播　究竟　　D 标记　成语　发布　毕竟

18. 人们习惯于把科学和技术连在一起，统称为科学技术，简称科技。________二者既有密切联系，又有重要________。科学解决理论问题，技术解决实际问题。科学要解决的问题，是发现自然界中确凿的事实与现象之间的关系，并建立理论把事实与现象________起来；技术的________则是把科学的成果应用到解决实际问题中去。

A 实在　差别　对立　目标　　B 实际　区别　联系　任务
C 真实　特点　结合　用途　　D 现实　特征　独立　功能

19. 由于翻译这个工作很容易被一些翻译软件所________，外语专业的大学生如果只单纯地学习一门语言，将来就业可能________很大的困难。相关专业的学生应该有危机________，不仅要考虑________自己的专业素养，还要考虑如何拓宽自己的就业方向，为自己的未来做更多的打算。

A 失败　解决　思想　升高　　B 代替　面临　意识　提高
C 取得　战胜　心理　加深　　D 困扰　迎接　准备　加剧

20. 土地与我们人类一样，需要用心呵护。免耕或者少耕保护了土壤的原生态特性，为土壤生物________了良好的生存空间，________可以促进土壤动物对土壤结构的改良，还能________土壤微生物的多样性，促进土壤养分的循环和积累，让土地________焕发生机和活力。

A 创造　虽然　减少　曾经　　B 影响　既然　增添　偶尔
C 扩大　不论　展开　屡次　　D 提供　不仅　提高　重新

第三部分

第 21 ～ 30 题：选择合适的句子填空

21 ～ 25

有一天，司马光和小朋友们一起在花园里玩耍。花园里有花、有树，还有假山，大家你追我赶，（21）。一个调皮的小男孩儿爬到了假山上，结果一不小心掉进了假山边上的一个大水缸里。水缸又高又大，里面满满的都是水，小男孩儿被吓坏了，在水里拼命挣扎着，大声喊救命。大家惊慌失措，（22）。水缸实在太高了，没有办法从上面把掉到缸里的孩子拉出来。有的胆小的孩子吓得哭了起来，有的孩子吓得跑去叫大人帮忙。

这时，司马光看到假山边上有一堆大石头，他灵光一闪，（23）。司马光迅速跑过去捡了一块不大不小的石头，朝水缸砸去。水缸破了个窟窿，水哗哗地流了出来，缸中的小男孩儿被救了出来。（24），直夸司马光聪明机智。

由于司马光从小勤奋好学，又喜欢读历史书籍，因此博学多闻，二十岁时就考中了进士。他在朝中做官期间，努力收集历史资料，经过几十年的努力，（25），也因此成了宋代有名的史学家。

A 大家高兴得手舞足蹈

B 玩儿得非常开心

C 都不知道该怎么办

D 想到了一个好主意

E 终于完成了《资治通鉴》

26 ～ 30

世界卫生组织调查研究发现，儿童青少年的生长速度在四季中是不一样的，春夏个子长得快，（26）。南京市中西医结合医院儿科主任崔倪介绍，莫要错过孩子生长发育的黄金期，要做到“三好”，孩子才能更好地长个儿。

（一）吃得好

日常饮食中，保证牛奶、鱼虾、绿叶菜等含钙食品的供应，以补充钙质，健壮骨骼。不要让孩子多吃反季节的蔬菜、水果，更不要滥用一些补品。油炸食物等容易导致性早熟，（27）。

（二）睡得好

人在睡眠时会由脑垂体分泌一种生长激素，这些生长激素起着促进骨骼、肌肉、结缔组织和内脏生长的作用。生长激素不像人体的其他激素是在白天分泌的，它主要在晚上分泌。晚上 9 点至第二天凌晨 1 点是生长激素分泌最多的时候，可以达到白天的 5 至 7 倍；另外，早上 6 点前后的一两个小时，生长激素也有一个分泌小高峰，所以家长早上也不要过早地叫醒孩子。总之，要想孩子长得高，必须保证孩子的充足睡眠，（28）。

（三）动得好

虽然孩子长个儿需要摄入含钙食品，但是单纯补钙人体很难吸收，（29），才能促进身体对钙的吸收和利用，而获取维生素D最好的方法就是晒太阳。适量户外运动对长高有好处，比如跳跃运动，最好再配合一些全身性运动。过度跳跃容易影响脚的发育，对膝关节和踝关节冲击较大，（30）。篮球、跳绳等都是很好的全身性运动。

A 也不宜多吃
B 不可以熬夜
C 只有在维生素D的帮助下
D 要穿有弹性的鞋子，保护关节
E 身高的生长速度是秋天的2～2.5倍

第四部分

第31～50题：选出正确答案

31～34

一场大雨过后，屋檐墙角的蜘蛛网变得破败不堪，掉落下来的蜘蛛想要爬上去重新织网。

由于被雨水冲刷过的墙面很滑，那只倒霉的蜘蛛每次努力地爬上去一小段，就会从墙上滑下来，只能重新往上爬。

它一次次地往上爬，却又一次次地掉下来……

第一个看到的人说："这只蜘蛛真有毅力啊，这种坚持不懈的精神让人感动！"于是，他学会了持之以恒，变得坚毅。

第二个看到的人说："它真是太蠢了，这条道行不通，可以沿着窗户边干燥的墙面往上爬嘛，这么一根筋、认死理，结果就是费了好大劲儿却依然没成效！"于是，他学会了变通，变得灵活。

第三个看到的人说："这只蜘蛛真可怜，和我一样总是做不好事情，再怎么努力也改变不了什么！"于是，他什么都没有学到，反而变得更加悲观了，最终意志消沉，碌碌无为。

面对同一个事实，我们因为自身的视角不同，产生了不一样的解读，随之也有了不一样的情绪和行为。

就像一位著名哲学家所说的，“影响人的不是事物本身，而是他们对于事物的看法”，而这些所谓的看法或是解读，其实都来自我们的信念。

我们相信什么，就创造了一个什么样的世界。而在这个由信念构筑的世界里，我们的各种人生经验又编织出了每个人不一样的命运。

当我们被不合理的信念控制的时候，就容易产生不好的情绪，进而做出不恰当的行动和选择。我们要改变的不是情绪，而是引发情绪的底层信念。

31. 为什么蜘蛛一次次地往上爬，却又一次次地掉下来？

A 蜘蛛网破了

B 蜘蛛受了伤

C 蜘蛛想重新织网

D 雨后墙面变得很滑

32. 第一个看到的人认为蜘蛛有什么特点？

A 能够坚持　　B 能够创新

C 不讲方法　　D 不懂变通

33. 第三个人与前两个人的最大区别是什么？

A 自由　　B 热情

C 悲观　　D 胆小

34. 这个故事告诉我们什么道理？

A 应该学会寻求帮助

B 遇到困难时不应放弃

C 人们对事物的看法很重要

D 每个人遇到的情况都是不一样的

35 ～ 38

戴胜是一种鸟，相信很多对此鸟从未有所耳闻的朋友很难将“戴胜”这一名字与鸟相联系。按照古代汉语的解释,"戴"为把东西加在头、胸、手等处,意指佩戴;"胜"为华胜(又名花胜),是古代女性的一种华丽头饰。由此可见,戴胜鸟之命名,源自其毛冠如佩戴一种华丽的头饰一般。

戴胜是极常见的鸟,主要分布于非洲和亚欧大陆,在中国有着广泛分布。戴胜是一种辨识度非常高的鸟,体长 25 ~ 31 厘米,大小如同鸽子,翅膀及尾部有黑白相间的条纹,飞行时可清晰地看到四条白色横带贯穿双翼。值得一提的是,戴胜并非是直线飞行,而是一上一下波浪线般飞行,如同一只上下扑腾而又灵敏的巨型花蝴蝶。

戴胜一般栖息在树木密度不大的森林、草原、河谷,尤其喜欢居住在林缘农耕地区,村庄、公园等处时常会发现它的身影。因其外形靓丽,也受到许多摄影爱好者的关注。

戴胜的嘴巴细长而略弯曲,是天生的猎虫神器。它们会用嘴巴在地面上啄出许多小洞,以感知猎物的存在。戴胜的食物种类繁多,其中有很多是农业害虫,因此戴胜也是农民喜闻乐见的益鸟。

戴胜实行"一夫一妻制",并且非常专一,它们在选定伴侣后便终生相随,不离不弃。所以,在中国古代,戴胜是忠贞不渝的象征。

35. 在作者看来,没有听说过戴胜的人:

A 很难想到这是鸟的名字　　B 一定从来没有见过这种鸟

C 肯定会对这种鸟非常感兴趣　　D 一听就知道这种鸟有什么特点

36. 戴胜这个名字是根据这种鸟哪方面的特征取的?

A 外形　　B 叫声

C 习性　　D 动作

37. 关于戴胜,下列说法正确的是:

A 很难被认出来　　B 在中国并不常见

C 习惯于直线飞行　　D 大小跟鸽子差不多

38. 农民喜欢戴胜是因为它:

A 很吉利　　B 吃害虫

C 像花蝴蝶　　D"一夫一妻"

39 ～ 42

人面子原产于中国的广东、广西、云南等亚热带地区，喜阳光充足及高温多湿环境，在中国南方有着悠久的种植历史。人面子生津止渴，健脾开胃，大小和桂圆差不多，和梅、李一样都是核果，果核似人脸。大部分人面子甜中带酸（也有部分人面子非常甜），成熟的人面子可以用糖等炮制成凉果。人面子除了果皮，没什么果肉，这或许是它没被大规模推广的原因之一。说起南方人吃水果，北方的小伙伴直呼“闻所未闻”，有的水果甚至蘸着辣椒和盐吃，而到了人面子这里，硬生生把水果腌制成了下饭菜，你还甭说，真下饭！

人面子不仅可供食用，还具有生态价值和人文价值。在广东惠州、四会、茂名等地区的院落、村庄、寺庙等地有好些人面子古树，最古老的据说有1200多岁。粗壮的树干和板根、巨大的树冠为人们提供了一个休闲、纳凉、聚会和交流的场所，体现了浓厚淳朴的人情味。

历经千百年风霜的人面子树，仍然屹立不倒，枝繁叶茂，生机盎然，发达的板根就是它们适应环境的策略。人面子树生长迅速，在幼树时是笔直的一棵树，随着身躯成长，树冠也日益宽大，没有强有力的根系做基础，人面子树就会头重脚轻。逐渐长大的人面子树以树干基部为中心，由侧根外向次生生长，成辐射状延伸出数道翼状板根，支撑树木庞大的身体，有效增强了支撑力和吸收地下营养的能力。

人面子树是一道四时不同的风景。人面子树大规模换叶期是在初夏的四五月份，伴随着风吹雨打，一夜之间，黄叶全部掉光，铺满一地，柔嫩的新叶蹿出来，从此开始新的轮回。紧接着是开花结果，每年的5月到6月，一树细碎的花布满枝头，略微带点儿黄的白色花朵精致、淡雅。随着时间的推移，花朵凋零的枝头上果实从青绿逐渐变为橙黄。9月到10月，果实陆续成熟。

无论是人面子，还是其他植物，每一个物种都是历经千万年的进化才与我们相遇的，在利用与保护之间找到平衡是我们永恒的追求。

39. 人面子是一种：

A 动物　　B 植物

C 习俗　　D 活动

40. 人面子是什么味道的？

A 酸甜　　B 辛辣

C 微苦　　　　D 极酸

41. 关于人面子，下列说法正确的是：

A 不结果　　　　B 根系发达

C 花是纯白色的　　　　D 在干燥的环境中生长

42. 文中没有提到人面子的：

A 食用价值　　　　B 观赏价值

C 人文价值　　　　D 历史价值

43 ～ 46

每年的 3 月 21 日是“世界睡眠日”，旨在引起大家对睡眠重要性和睡眠质量的重视。因为，睡眠障碍已成为全球第二大常见的精神障碍，其中又以“失眠”最为普遍。

曾有一位长期研究睡眠问题的教授公布了这样一组数据：每 3 个人中就有 1 人存在睡眠问题，每 10 个人中就有 1 人符合失眠症的正式诊断标准。有精神医学著作称，失眠在普通人中的出现率最高可达 48%。对于有失眠问题的人来说，这些数字的背后是一个又一个煎熬无比、辗转反侧的夜晚。

失眠问题也分不同类型。有的是偶尔出现失眠，持续一段时间，让人苦恼，多见于没有被明确诊断为有精神障碍的一般人群；有的是持续反复地失眠，每周失眠好几次，持续好几个月，这就很有可能达到了失眠症的诊断标准；有的是其他精神心理障碍的伴发症状，比如很多抑郁症、焦虑症、双相障碍患者一般长期存在失眠问题，作息紊乱，学习、工作受到很大影响。

那面对失眠，尤其是失眠问题刚开始出现，还不算太严重的时候，我们该怎么办？

第一，我们要提前掌握关于睡眠的科学知识，尤其是要意识到，不是非得进入深度睡眠才叫睡眠。在浅睡眠阶段，虽然对外界仍有知觉，但是其实大脑皮层已经得到放松和休息了，就算一整晚都持续这个状态，对第二天的学习、工作也不会有明显影响。可很多人觉得这不算睡着，非得完全失去意识，也就是达到深度睡眠，醒来发现已经天亮了，那才叫睡着。这种片面的认知很容易让人焦虑，一焦虑就连浅睡眠都达不到了。

第二，睡眠卫生习惯要注意，了解哪些不良的日常行为会影响睡眠质量，哪些方法有助于睡前舒缓情绪。破坏睡眠节律的不良习惯有很多，比如：白天睡太多，喝太多咖啡；晚上睡前做容易让人兴奋、焦虑的事，看惊险刺激的电影、小说；睡前做需要强体力或强脑力的活动；在黑暗里玩儿太久的电脑、手机；等等。而听轻音乐、放松冥想等能在一定程度上改善睡眠质量，大家可以尝试一下儿。

第三，尝试入睡时，保持情绪的平静，没有必要焦虑。上面说过，哪怕我们只是躺在床上，身体放松，大脑迷迷糊糊的，其实也处于休息状态，我们完全没必要焦虑。即使大脑相对比较清醒，我们带着平静的心情想一些日常生活中让人放松的事，往往想着想着不知不觉就入睡了。

第四，如果上述方法行不通，失眠问题严重，那么可以向医生求助，必要时在医生的指导下服用一些有助于入睡的药物，对这类药物不要盲目抗拒。大家一定要意识到：持续失眠的危害要远远大于药物的副作用。这个时候选择服用药物，是"两害相权取其轻"。

希望以上分析和建议对大家有所启发，祝大家每晚高枕无忧，安然入睡。

43.“世界睡眠日”的目的是希望大家重视什么？

A 睡眠时间　　B 睡眠疾病

C 睡眠环境　　D 睡眠质量

44. 根据那位长期研究睡眠问题的教授所公布的数据：

A 每 3 个人中就有 1 个人失眠

B 有 1/3 的人存在睡眠问题

C 在普通人中至少有 48% 的人失眠

D 每 10 个人中只有 1 个人没有睡眠问题

45. 下列能在一定程度上改善睡眠质量的是：

A 白天多睡　　B 听轻音乐

C 多喝一些咖啡　　D 睡前看惊险小说

46. 关于服用有助于入睡的药物，下列说法正确的是：

A 能不吃尽量不吃　　B 每次失眠都得吃

C 对身体完全没害处　　D 应按医生的指导吃

47 ～ 50

我是一个性格内向的人。内向者的典型特点是不爱说话、不擅社交。无论是性格内向还是外向，终有一天，我们还是要走向更大的世界，还是要与人社交的。因此，内向者常常会感受到自己与这个世界格格不入。如今，我步入社会也有11年了，渐渐地，我摸索出来一些内向者的生存法则，希望这些法则可以帮到因为内向而痛苦的人。

内向者的生存法则一：接受自己本来的样子。内向者的主要困扰表现在人际关系方面，比如：见人会感觉尴尬、脸红、不知所措；想说的话表达不出来，或者心口不一；因为恐惧而回避社交。

但是，性格这件事在大概率上是不会发生变化的。也就是说，无论一个人怎么修改自己，性格内向的人也不会变得外向，我们也无法把自己变成别人，我们唯一能做的事就是接受自己本来的样子。

当我接受自己之后，事情开始变得不一样了。虽然我的性格依然内向，但是我的自信心和安全感提升了很多。现在的我，无论是通过文字、语音、视频，还是面对面与人沟通，都不再困难。

说到这里，就不得不提及内向者的第二生存法则：被动社交。因为性格内向，我很少主动与人接触，大多数时候我都是被动社交的。后来，我逐渐意识到一个真相，那就是作为一个性格内向的人，我们不是不擅交际，而是我们还没有找到适合自己的方式和途径。被动社交的诀窍不完全是等，而是遇。做好自己要做的、想做的，在人生前行的道路上，我们就会遇见与自己同频的人。做好被动社交的关键是，用自己擅长的方式与这个世界相处，用自己擅长的方式去表达，吸引同频的人来到你身边。

内向者的生存法则三：主动选择。来主动找我们的人，我们都要与之互动吗？也不是的。在人际关系中，有一个非常重要的原则，对性格内向者尤为如此，那就是主动选择，也就是筛选。这个世界上的人那么多，并不是所有人都适合与你交往或共事。就像一位朋友说的："也许我可以不用强迫自己去跟大部分人搞好关系，只要选择和自己合得来的人深入交往即可。"性格内向者，可以被动社交，但一定要主动选择和谁交往、不和谁交往。要在人际关系中保持良好的自我感觉以及足够的自信。懂得主动选择非常关键，我们可以内向，但是不能没有原则。

内向者对于情绪和环境都有着极高的敏感度，哪些人和你同频，哪些人适合交往，你的感觉会给你答案，信任你的感觉，它会给予你最精准的指引。

用适合你的方式，与适合你的人交往，你会更坦然、更自信。

47. 内向的人有什么典型的特点？

A 不爱笑，也不爱热闹

B 爱交际，很积极主动

C 喜欢独处，朋友很少

D 不爱说话，不擅长社交

48. 作者认为，内向的人应该：

A 接受自己本来的样子

B 努力将自己变为外向的人

C 被动选择跟谁交往和如何交往

D 吸引各种各样的人来到自己身边

49. 作者建议内向的人：

A 多向外向的人学习

B 主动选择是否社交

C 多和性格外向的人交往

D 找到适合自己的社交方式

50. 内向的人选择交往的对象可以凭借：

A 运气　　B 感觉

C 信任　　D 勇气

附　录

语法术语缩略形式一览表

缩略形式 Abbreviations	英文名称 Grammar Terms in English	中文名称 Grammar Terms in Chinese
Adj	Adjective	形容词
Adv	Adverb	副词
Conj	Conjunction	连词
IE	Idiomatic Expression	习惯用语
M	Measure Word	量词
N	Noun	名词
Nu	Numeral	数词
PN	Proper Noun	专有名词
Prep	Preposition	介词
Pron	Pronoun	代词
Pt	Particle	助词
Q	Quantifier	数量词
V	Verb	动词
VC	Verb plus Complement	动补式动词
VO	Verb plus Object	动宾式动词

生词表

A		
安慰	ānwèi	4
按诊	àn zhěn	9
奥秘	àomì	7
B		
跋涉	báshè	4
榜样	bǎngyàng	10
保驾护航	bǎojià-hùháng	7
悲怆	bēichuàng	10
鼻涕	bítì	9
彼此	bǐcǐ	1
碧波	bìbō	10
碧波万顷	bìbō wànqǐng	10
扁鹊	Biǎnquè	9
标签	biāoqiān	2
标志	biāozhì	5
冰山一角	bīngshān-yìjiǎo	3
不败之地	búbàizhīdì	2
不愧	búkuì	10
不乏	bùfá	3
不可胜数	bùkě-shèngshǔ	10
不相上下	bùxiāng-shàngxià	7
布局	bùjú	6
C		
灿烂	cànlàn	4
产物	chǎnwù	7
产业	chǎnyè	3
阐述	chǎnshù	6
长颈鹿	chángjǐnglù	8
常住人口	chángzhù rénkǒu	7
倡议	chàngyì	8
沉静	chénjìng	9
趁	chèn	8
承包	chéngbāo	7
城镇	chéngzhèn	6
吃醋	chī//cù	1
迟钝	chídùn	9
持家	chíjiā	1
重操旧业	chóng cāo jiùyè	4
崇高	chónggāo	4
臭	chòu	9
出人头地	chūréntóudì	2
出使	chūshǐ	8
传奇	chuánqí	10
喘息	chuǎnxī	9
瓷器	cíqì	8
慈爱	cí'ài	4
从而	cóng'ér	7
D		
大大咧咧	dàdaliēliē	1
大军	dàjūn	3
凋谢	diāoxiè	9
顶天立地	dǐngtiān-lìdì	10
洞庭湖	Dòngtíng Hú	10

惠及	huìjí	6
魂不守舍	húnbùshǒushè	3
混乱	hùnluàn	10
活跃	huóyuè	9
J		
机体	jītǐ	9
机遇	jīyù	8
机制	jīzhì	6
基金会	jījīnhuì	4
基数	jīshù	6
激发	jīfā	8
激情	jīqíng	10
脊梁	jǐliáng	10
脊髓灰质炎	jǐsuǐ huīzhìyán	4
既往	jìwǎng	9
寄托	jìtuō	3
家常便饭	jiācháng-biànfàn	3
家族	jiāzú	9
坚定不移	jiāndìng bùyí	7
艰辛	jiānxīn	4
健全	jiànquán	6
嚼烂	jiáolàn	10
皆	jiē	3
揭晓	jiēxiǎo	2
金钱豹	jīnqiánbào	8
津津乐道	jīnjīn-lèdào	8
进展	jìnzhǎn	6
京腔	jīngqiāng	1
惊涛骇浪	jīngtāo-hàilàng	8
惊心动魄	jīngxīn-dòngpò	4
精英	jīngyīng	2
镜头	jìngtóu	3
捐款	juānkuǎn	4
决策	juécè	5
觉悟	juéwù	1
均衡	jūnhéng	6
K		
开辟	kāipì	3
坎坷	kǎnkě	4
看好	kànhǎo	5
考验	kǎoyàn	5
可持续	kěchíxù	6
坑	kēng	10
跨度	kuàdù	8
跨国	kuàguó	1
跨越	kuàyuè	10
快捷	kuàijié	5
款项	kuǎnxiàng	4
框架	kuàngjià	8
L		
垃圾	lājī	2
辣酱	làjiàng	3
莱芒湖	Láimáng Hú	10
蓝图	lántú	6
乐此不疲	lècǐ-bùpí	10
离乡背井	líxiāng-bèijǐng	10
礼仪	lǐyí	1
里程	lǐchéng	5

里程碑	lǐchéngbēi	6
理财	lǐ//cái	1
粒	lì	4
恋人	liànrén	1
量入为出	liàngrù-wéichū	1
临床	línchuáng	9
琳琅满目	línláng-mǎnmù	3
领先	lǐng//xiān	5
另类	lìnglèi	3
遛弯儿	liù//wānr	1
轮番	lúnfān	1
罗盘	luópán	8
落成	luòchéng	8
落地生根	luòdì-shēnggēn	8
	M	
迈进	màijìn	6
麦粒	màilì	10
茂盛	màoshèng	9
美妙绝伦	měimiào juélún	10
萌生	méngshēng	3
迷惘	míwǎng	10
猕猴桃	míhóutáo	3
免除	miǎnchú	7
磨合	móhé	1
木耳	mù'ěr	3
	N	
泥土	nítǔ	3
宁愿	nìngyuàn	1
农场	nóngchǎng	7

	P	
排行	páiháng	5
徘徊	páihuái	10
陪衬	péichèn	10
配方	pèifāng	9
烹饪	pēngrèn	9
碰撞	pèngzhuàng	1
匹配	pǐpèi	7
漂泊	piāobó	10
频频	pínpín	5
平易近人	píngyì-jìnrén	10
朴实	pǔshí	4
普及	pǔjí	3
	Q	
妻管严	qī guǎn yán	1
奇迹	qíjì	5
崎岖	qíqū	10
旗帜	qízhì	10
气馁	qìněi	2
气派	qìpài	10
契合	qìhé	8
牵引试验	qiānyǐn shìyàn	5
谦逊	qiānxùn	4
潜力	qiánlì	8
抢手	qiǎngshǒu	3
切脉	qièmài	9
切实	qièshí	3
轻易	qīngyì	2
清肺	qīng fèi	9

情侣	qínglǚ	1
穷困	qióngkùn	4
求同存异	qiútóng-cúnyì	1
区域	qūyù	6
祛湿	qū shī	9
全日制	quánrìzhì	2
R		
染料	rǎnliào	8
让	ràng	1
人格	réngé	10
人气	rénqì	3
人群	rénqún	3
认同	rèntóng	8
任人宰割	rènrén-zǎigē	10
容纳	róngnà	8
融合	rónghé	6
如火如荼	rúhuǒ-rútú	5
瑞士	Ruìshì	10
S		
少年宫	shàoniángōng	4
舌苔	shétāi	9
舍得	shěde	1
设置	shèzhì	2
莘莘学子	shēnshēn xuézǐ	2
生态	shēngtài	6
省会	shěnghuì	5
盛怒	shèngnù	2
失落	shīluò	3
湿气	shīqì	9
使节	shǐjié	8
士兵	shìbīng	8
世俗	shìsú	2
市民	shìmín	7
适量	shìliàng	9
刷新	shuāxīn	5
衰老	shuāilǎo	9
水利	shuǐlì	7
水手	shuǐshǒu	8
税收	shuìshōu	7
四肢	sìzhī	9
苏东坡	Sū Dōngpō	10
苏联	Sūlián	4
俗称	súchēng	4
隧道	suìdào	5
T		
瘫痪	tānhuàn	4
糖丸	tángwán	4
体质	tǐzhì	9
天涯	tiānyá	10
调和	tiáohé	1
挑战	tiǎozhàn/tiǎo//zhàn	7
通道	tōngdào	5
通信	tōngxìn	3
统筹	tǒngchóu	8
土生土长	tǔshēng-tǔzhǎng	2
推崇	tuīchóng	9
脱贫致富	tuōpín zhìfù	3
鸵鸟	tuóniǎo	8

印度洋	Yìndù Yáng	8
盈利	yínglì	5
应运而生	yìngyùn'érshēng	3
《雍正王朝》	《Yōngzhèng Wángcháo》	1
由衷	yóuzhōng	4
有序	yǒuxù	5
诱惑	yòuhuò	3
诱人	yòurén	9
宇宙	yǔzhòu	10
院士	yuànshì	4
跃跃欲试	yuèyuè-yùshì	9
晕头转向	yūntóu-zhuànxiàng	1
运输	yùnshū	5
酝酿	yùnniàng	8
	Z	
赞誉	zànyù	8
燥	zào	9
粘	zhān	10
辗转难眠	zhǎnzhuǎn nán mián	4
战略	zhànlüè	6
张骞	Zhāng Qiān	8
哲人	zhérén	10
诊断	zhěnduàn	9
振兴	zhènxīng	3
征服	zhēngfú	5
拯救	zhěngjiù	4
症状	zhèngzhuàng	3
支撑	zhīchēng	7
知了	zhīliǎo	10
志愿	zhìyuàn	2
质朴	zhìpǔ	10
治愈	zhìyù	4
滞后	zhìhòu	7
中山装	zhōngshānzhuāng	10
中叶	zhōngyè	6
粥	zhōu	9
主张	zhǔzhāng	1
主旨	zhǔzhǐ	6
柱子	zhùzi	10
转型	zhuǎnxíng	8
庄严	zhuāngyán	6
壮举	zhuàngjǔ	8
追忆	zhuīyì	4
准绳	zhǔnshéng	6
资助	zīzhù	4
滋润	zīrùn	9
紫禁城	Zǐjìnchéng	8
自主知识产权	zìzhǔ zhīshi chǎnquán	5
纵贯	zòng guàn	5
走廊	zǒuláng	8
坐卧不宁	zuò wò bù níng	3
坐月子	zuò yuèzi	1

版权声明

《乐读——国际中文阅读教学课本》是一套中文阅读教材，其中部分课文是在真实文本的基础上改写而成的。由于时间、地域等多方面的原因，我们在无法与权利人一一取得联系的情况下使用了有关作者的作品，同时因教学需要，对作品进行了细微调整。尽管我们力求忠实于原作品，但仍可能使作品失去一些原有的光彩。对此，我们深表歉意并衷心希望得到权利人的理解和支持。另外，有些作品由于无法了解作者的信息，未署作者的姓名，请权利人谅解。希望原作者与我们联系。

编　者